如何说，同事才会听

〔日〕樱井弘 著

郭超敏 译

人を「巻き込む」コミュニケーション技術

机械工业出版社
CHINA MACHINE PRESS

人を「巻き込む」コミュニケーション技術（櫻井弘 著）

HITO WO MAKIKOMU COMMUNICATION GIJUTSU

Copyright 2018 HIROSHI SAKURAI

All rights reserved.

No reproduction without permission.

Original Japanese edition published by NIKKEI PUBLISHING INC. , Tokyo.

Chinese（in simple character only）translation rights arranged with

NIKKEI PUBLISHING INC. , Japan through Bardon-Chinese Media Agency , Taipei.

本书由日本经济新聞出版社授权机械工业出版社在中华人民共和国境内地区（不包括香港、澳门特别行政区及台湾地区）出版与发行。未经许可的出口，视为违反著作权法，将受法律制裁。

北京市版权局著作权合同登记 图字：01-2019-4033 号。

图书在版编目（CIP）数据

如何说，同事才会听／（日）樱井弘著；郭超敏译.
—北京：机械工业出版社，2020.2
ISBN 978-7-111-64681-5

Ⅰ.①如… Ⅱ.①樱… ②郭… Ⅲ.①人际关系学-通俗读物 Ⅳ.①C912.11-49

中国版本图书馆 CIP 数据核字（2020）第 028791 号

机械工业出版社（北京市百万庄大街22号 邮政编码100037）
策划编辑：仇俊霞　　　责任编辑：仇俊霞 李书全
责任校对：张 力　　　责任印制：张 博
封面设计：吕凤英
三河市宏达印刷有限公司印刷

2020 年 4 月第 1 版　第 1 次印刷
127mm×183mm・6.25 印张・82 千字
标准书号：ISBN 978-7-111-64681-5
定价：49.80 元

电话服务　　　　　　　　网络服务
客服电话：010-88361066　　机 工 官 网：www.cmpbook.com
　　　　　010-88379833　　机 工 官 博：weibo.com/cmp1952
　　　　　010-68326294　　金 书 网：www.golden-book.com
　　　　　　　　　　　　　机工教育服务网：www.cmpedu.com
封底无防伪标均为盗版

有句话叫"语言总是难逃被曲解的命运"。语言背后的真意和实情是肉眼不可见的，这也是长久以来困扰世人的一大问题。

下面是某家企业内部发生的一件事。

A先生是某家企业的管理人员。一个星期天，A先生来到学生时代的朋友家做客。朋友有一个儿子且已经步入社会工作两年了。A先生上一次见朋友的儿子还是在他上中学的时候，如今他已经完全是大人模样了。A先生和许久未见的朋友的儿子小酌了几杯，相谈甚欢。

第二天早上，A先生像往常一样走进公司。迎面走来的下属像往常一样向他问候："早上好!"A先生回应："早啊!"这位下属很年轻，也才刚进公司两年。看到这位年轻下属的脸，A先生瞬间有些恍惚，感觉这位下属和昨天晚上朋友的儿子有些相似。于是无意识地问了一句："你有兄弟姐妹吗?"

年轻下属虽然感到疑惑，也不明白 A 先生问这个问题的意图，但是由于是自己的直属上司问，也就马上回答道："没有兄弟姐妹，我是独生子。"

听罢，A 先生一副好像明白了什么似的表情，随口说了一句"果然如此"，便走开了。年轻下属疑惑地回到座位上，准备开始自己的工作。刚一坐下，隔壁部门的科长问道："你有兄弟姐妹吗?"他问了和自己的上司一模一样的问题。

年轻下属虽然很疑惑，但还是回答道："没有，我是独生子。"听罢，这位科长的面部表情没有任何变化，只说了句"原来如此"，也走开了。

那天之后，这位年轻下属就陷入了无尽的不安与担心中。"是独生子不可以么?""这也是人事考核的一项么?"渐渐地，年轻下属与他的直属上司 A 先生以及隔壁部门的科长的关系也越来越疏远。唐突的提问，再加上简短的回复，就像在年轻下属的心中丢了一块石头，激起了层层涟漪。这真是验证了

"语言总是难逃被曲解的命运"这句话。

但是，在这个故事中，双方都存在问题。从结果来看，双方都没有完善的沟通能力。年轻下属在回答完 A 先生的问题后，应该反问一下："有什么事吗？"这样做出反应是比较好的。另外，两位领导若是能够解释一下为什么会问这个问题，也就不至于让年轻下属陷入不安中。

事实上，这本书的主题就是讲沟通问题。当我们对日常生活中经常发生的问题感到担心和不安时，只要稍微多说几句话，就能够让对方理解我们并与我们站在一边。

这一来一回的"刺激"和"回应"正是沟通的本质。

⟳ 目　录 ⟳

前　言

目录

工作的顺利开展，依靠把人"连接"起来

　　把周围的人连接起来，是开展工作必不可少的能力。那么，这种能力到底是什么？掌握了这种能力，就会拥有精彩的未来。

🔄 工作中的"连接力"必不可少

世界上有各种各样的工作。无论什么样的工作都需要周围的人的帮助，不可能一个人就能完成。无论是下属、同事还是客户，想要让这些人愉快地帮助你，并且顺利开展与你相关的工作，适当的说服，有一种能把周围的人连接起来的能力就相当重要了。

提到"说服"，给人的感觉大多都是"劝说"甚至"哄骗"。而且有很多人持有"我不想被说服"的态度。这种态度在日本人身上尤为明显。通常在决定一件事的时候，日本人的态度一般都是"我不想明确否定对方的意见""我也不想自己的意见被否定"。因此，真诚地敞开心扉交换意见的沟通在日本人当中是比较少见的。

对于不擅长说服他人的人而言，不妨尝试把说服当作是为了吸引对方注意，为了让对方动起来而去发动他的行为，是一种让自己得到信赖和帮助的方式。

这样一来你就会发现，人生就是不断说服别人、动员别人的过程。为了让家人帮你做某件事，为了得到周围的人的帮助，为了让店员帮你介绍商品或者给你打折，等等。我们的日常生活就是一个不断说服别人，又被别人说服的过程。

像这样的说服在我们的日常生活中随处可见，也是必不可少的。而在商务场合中，说服的重要性更是不言自明。一个人无法完成的事情要集结多人的力量才能达成目标。因此，得到周围的人的帮助，让他们注意到你，并为你动起来，这样的能力是必不可少的。在这里我们称之为"连接力"。

商务沟通的实质就是与初次见面的对方建立起良好的关系，增进相互理解和认同，然后让对方为你做些什么。商务沟通的目的是理解、传达、动员。动员他人的前期阶段是建立关系、促成理解的阶段。对于那些不擅长说服、动员他人的人来说，在这个阶段很有可能受挫。

⟳ 沟通的三个阶段

连接，是让对方为你做事的一种沟通方式。

我们可以试想一下，如果一个初次见面，不怎么熟悉的人对你说"帮我做一下这件事"，我们会怎么想呢？

几乎所有的人都会很排斥，心里想："我为什么必须帮你做这件事？"那么，为了避免对方有这种排斥心理，让对方为你做事的方法就相当重要了。

这里有三个重要的阶段：①建立关系；②增进理解；③激发对方的自主行动意识。这就是沟通的三个阶段。

在相互不理解、不认同的状态下是很难让对方为你做事的。只有按照①—②—③的步骤循序渐进，才能让对方为你做事。

让对方为你做事，连接起来

激发自主意识

...山顶

增进理解

...山腰

建立关系

...山脚

⟳ 阶段一：人际关系的建立从放心—信用—信赖开始

○ 建立关系

连接的第一阶段就是"建立关系"。这一阶段相当于建筑物的地基。在商务场合中，只有建立起牢固的人际关系才能避免纠纷，顺利地开展业务。因此，"建立关系"也可以说成是商务谈判的"地基"。

人际关系就是遵循"放心—信用—信赖"的过程而发展起来的。而且在建立关系的过程中有不可缺少的三种能力，分别是寒暄力、倾听力、对话力。

由于寒暄、倾听、对话是浑然一体的，所以在沟通过程中，也有人不刻意将这三个阶段分开考虑，但是我们依然要分开探讨。

首先，我们要把日常的寒暄、倾听、对话分开，单独探讨。这在第一章中会有详细解说，能让你掌握每个阶段的要点。

沟通的三大要点
分开讨论

寒暄力

只要能够随机应变地选择措辞，对话就能展开

"寒暄"的四大原则 ➡ **p34**

倾听力

人们会对热情地倾听自己说话的人抱有好感

三个"听""积极地倾听" ➡ **p39**

对话力

相互表达好感后，才能让对方觉得亲近

"一问二答""三种类型的提问" ➡ **p46**

⟳ 阶段二：如何增进相互理解

○ 增进相互理解

　　当最基础的关系形成后，下一步就到了"增进理解"的阶段。在商务场合中，提到"增进相互理解"，有些人会认为这是在工作结束后的酒会或者是上班时间的闲谈中开展的。而事实上，现在的环境越来越不允许我们这么做了。因此，我们要认识到，"商务场合的相互理解要靠商务上的对话与沟通"实现。我们要有意识地掌握对话的要点，推进对话。

　　在双方的对话中，要想引起对方的共鸣，关键在于找到一个"切入点"。因此，在增进相互理解的过程中，首先要找到双方的一个共同点切入话题，进而推进关系。其次，在增进理解、取得共鸣的过程中还要注意把握三个要点：努力让别人产生"如果是这个人的话，我很信任"的想法，人不可能独活于世，语言并不是一切。

增进理解

升级

努力让别人产生"如果是这个人的话，我很信任"的想法

我们不仅要注意寒暄、倾听、对话，在这个过程中还需要采取一些有益于对方的言行。
➡ p74

意识层面

人不可能独活于世

要寻求周围的人的帮助去达成目的。
➡ p78

语言并不是一切

要注意表情、行为及姿态等。
➡ p84

⟳ 阶段三：如何让对方积极主动地为你办事

○ 唤起对方的自主行动意识

双方的理解加深后，下一步就是唤起对方的自主行动意识了。

我们很容易把对方的委托认为是一种"强制性要求"，从而产生排斥心理。但是，如果双方建立起基本的关系，也有了一些理解之后，就能够唤起对方的自主行动意识。这样一来就能大大减少对方的排斥心理。要想唤起对方的自主行动意识，其基本条件是"天时地利人和"。我们必须要灵活分析情况，并且遵循"天时地利人和"的原则。在这个过程中，我们必须要掌握好唤起对方自主行动意识的几个要点，积极地推进对话。这几个要点分别是：

采用能让对方行动起来的说话方式；巧妙地夸赞对方，让对方心生好感；提高对方的满足感。

唤起对方自主行动意识的要点

灵活分析情况，做到"天时地利人和"

采用能让对方行动起来的说话方式 ➡ p96

提前了解对方的年龄、性别、兴趣等

▶ 知道怎样说话才能打动对方

巧妙地夸赞对方，让对方心生好感 ➡ p100

要掌握称赞的技巧和方法

▶ 为了让对方感到自己被称赞，我们应该做什么？

提高对方的满足感 ➡ p104

"领导者"的说话方式　措辞要给足对方面子

▶ 沟通能够顺利开展，对方的满足感也能够提升。

↻ 必要的"说服技巧"

○ 连接是一种"说服性沟通"

连接，就是一种唤起对方自主行动意识，让对方主动做事的尝试。因此，取得对方的信任和帮助是必不可少的。

即便与对方有对立面，也要理解和接纳。而且，即使与对方的意见有分歧，也要尊重对方，倾听对方。只有通过这样循环往复的沟通，才能够将对方连接起来。

也就是说，连接是一种取得对方信任、说服对方的"说服性沟通"。可以说这是一种能在所有场合灵活使用的沟通方法。

此外，"连接力"在商务谈判中也十分具有"亲和力"。它能够聚焦于双方共同的利益点，消除对立，能够让双方满意并最终促成合作。

↻ 把周围的人连接起来的技巧

○ 把周围的人连接起来的技巧

要想把周围的人连接起来，除了要经历"建立关系—增进理解—唤起对方的自主行动意识"三个阶段外，还需要使用各种各样的沟通技巧。例如"把对方当作听众"这一技巧。这一技巧的意思是，首先要引起对方的注意，并真诚地表达自己的意见，这就是把对方当作是听众的意思。在此基础之上，再进行说明，让对方理解、明白，从而唤起对方的自主行动意识。

还有一个技巧是，通过视觉感受，让事情的价值和结果可视化。即要让对方很清楚地看到如果按照你的要求去做这件事，会得到什么样的结果。

在持续动员周围的人的过程中，能够给我们带来很多成果。掌握了以下这些技巧，就能够稳步地将周围的人连接起来。

把周围的人连接起来的技巧

技 巧	效 果	参照页数
将对方变成听者	得到对方的理解，引起对方的注意	➡ p114
展示选项，让对方选择	对方通过选择一个选项得到满足感	➡ p124
认可对方的价值，肯定对方	刺激对方的自尊心，让对方想要奋力相助	➡ p128
把事情的价值和结果具体化、可视化	通过把事情的价值和结果具体化、可视化，激发对方的行动力	➡ p144
传达事情的重要性，让对方保持紧迫感	激起对方的行动力，让对方想要积极投入工作	➡ p148
了解并尊重对方的风格	沟通顺利，同时也容易动员对方	➡ p152

↻ 没有连接力的坏处

○ 获得周围的人的帮助、达成目标

如果不把工作委托给下属或同事，那么你的工作永远都做不完，周围的人也很难有所成长。陷入这种恶性循环或许正是因为没有把周围的人连接起来。

如果不把周围的人连接起来，就很容易在公司中被孤立。因为公司本来就是一个作为整体去完成目标的组织结构。一旦在公司中被孤立，就会导致彼此间沟通不畅，也无法合作去做某件事，遇到问题的时候也得不到帮助。

此外，若是有下属，至少要能够动员下属去完成既定任务。一旦被孤立，就连得到下属的帮助也

变成了难事。

特别是在公司这种作为一个整体去完成目标的组织结构中，把周围的人连接起来的能力更是极其重要。

连接力

做不到的话

- 公司内部信息不畅通
- 被孤立
- 下属不被明确命令就不做
- 下属得不到成长

做到的话

- 沟通顺畅
- 有凝聚力
- 下属积极主动
- 下属和自己都有成长

↻ 如果下属不像管理层一样忙碌，就很难有成长

○ 找到没有把周围的人连接起来的原因

有的管理者认为"自己亲自做的话会很快完成"，因此甚至会把下属的工作也完成。这种现象在能力强的 playing manager（队员兼管理员）中十分常见，我也听过很多人说过类似的话。

确实，比起教别人怎么做、激发对方的行动意愿，自己直接上手会更加快捷，而且能够轻松地完成任务。特别是带新人，你需要从零开始教他，什么东西在什么地方，做了这件事会怎么样，不做这件事会怎么样等，这些都要耐心指导。正是因为自己十分了解这些流程，更会事无巨细地言传身教，

甚至有时候会过度指导。

但是，这项工作只需要进行一次。

因为工作只要指导过一次，在第二次的时候就不用从头开始再教一遍。此外，下属的行动意愿一旦被激起，多少都会持续一段时间。

我自己也管理着一个团队。身为 playing manager（队员兼管理员），每天不仅要负责现场工作，还要进行团队管理。这其中的辛苦我是相当清楚的。

但是只要不是过于大量复杂的工作，我都不会接手下属的工作。因为一旦接手下属的工作，下属就很难得到成长。工作就是积累经验的过程，如果接手下属的工作，那就相当于剥夺了下属积累经验的机会。此外，一次经验的积累可以应用到多个类似的工作场景中，对于下属来说是很好的成长机会。

凡事都由自己出马，不仅自己的工作难以完成，下属也得不到成长。为了让工作顺利地开展，同时下属也能快速成长，就必须要重新审视自己与周围的人之间的关系。一定能够找到没有把周围的人连接起来的原因。

⟳ 将周围的人连接起来，最初阶段会很辛苦

○ 把别人动员起来，未来就明亮了

本书详细介绍了沟通的三个阶段，以达到将周围的人连接起来的目的。这三大阶段分别为建立关系、增进理解和唤起对方的自主行动意识。之后又详细介绍了将周围的人连接起来的技巧。

将周围的人连接起来要从建立关系开始，是听者与说者双方的沟通。在这个过程中，我们要用到各种技巧，如感知对方的性格特点，分析最合适的提议方法，等等。从某种意义上说，要动员周围的人，就要发挥人的人格魅力。

一听到需要"各种各样的技巧""人格魅力"等

这些就想退避三舍的人肯定不少。

确实，即使意识到了要将周围的人连接起来，最初的阶段也是很辛苦的。但我想说的是，即便辛苦，甚至失败也请坚持下去。经历过这些，你就一定能够掌握将周围的人连接起来的能力，从而在职场中、沟通中如鱼得水。

而且，通过适当的方法把周围的人动员起来，不仅能让工作顺利开展，而且周围的人也能够积极地投入到工作中从而得到成长。同时你自己也得到了成长，未来也就更加开阔明朗。

如果你对于把周围的人动员起来没有明确的概念和意识，我希望你把本书中提到的关键点和技巧，按照从第一章开始的顺序一步一步地去实践，我想你就能够逐渐感受到自己以及周围的人的变化。如果你没办法坚持到最后，那么也可以在中途放弃。无论是什么技巧都是为了建立起人际关系和提高沟通能力。因此，即使在"动员周围的人"之外的场合中，这些能力也一定能发挥作用。此外，这本书并不是要求你必须从头看到尾，只看自己不擅长的地方并加以检验、重点练习也是可以的。

意识到将周围的人连接起来，然后采取行动。这是与周围的人建立良好关系，发现新可能的第一步！

本章要点总结、

把周围的人连接起来的技巧是什么？

☑ 在工作中很重要的一项技能是通过适当的"说服"，将周围的人连接起来。

☑ 连接的三个沟通要点是：建立关系、增进理解、唤起对方的自主行动意识。

☑ 建立起人际关系要具备三种能力：寒暄力、倾听力、对话力。

☑ 只有建立起基本关系，才能增进相互理解。

☑ 只有加深相互间的理解，才能唤起对方的自主行动意识。

☑ 将周围的人连接起来，事实上是一种"说服性沟通"，几乎能够应用到所有场合中。

☑ 通过掌握各种技巧，可以将周围的人连接起来。

☑ 重新审视周围的人和自己的关系，找到没有把周围的人连接起来的原因。

☑ 如果能够将周围的人连接起来，你的未来就会更加精彩。

☑ 意识到要将周围的人连接起来并采取行动，是发现新可能的第一步！

第一章

与周围的人拉近距离的三个要点

连接的第一步是建立关系，那么建立关系需要什么样的场景呢？

让我们重新审视人际关系和沟通的正确方法。

↻ 建立关系需要构建一个场景

○ 让我们检验一下现在社会的人际关系

构建一个建立关系的场景，是动员他人的第一步。类比一个建筑物，这相当于建筑物的地基。如果地基不牢固，那么慢慢地就会出现很多问题。

这里所说的关系是指人际关系。

在商务场合中，我们需要与公司内部人员或者是客户之间建立起人际关系，进而开展各种业务。

构建牢固的人际关系，与人建立起密切的沟通，不仅能够顺利推进工作，还能在困难的时候得到帮助，并且规避风险问题，会受益良多。

那么，你与同事有良好的沟通吗？下属上下班时候的问候好好地回应了吗？有人找你讨论工作，你认真回应了吗？对于领导的指示，你是怎么回应的？

不与人寒暄，也没有人找他讨论事情，这类人看起来像是自己能处理好所有事情，而事实上是因为对交流没有自信。这类人在职场中的人际关系通常会有一些困难。

如果你想知道自己是否被下属信赖，那么可以做一个小试验。在下班的时候你给手指缠一圈绷带，这时候你就可以观察，看谁，在什么时候，怎样发现的这圈绷带。你以为与自己关系很好的人说不定根本没有发现，而你觉得那些怎么也合不来的人却有可能很快就发现了。

通过观察大家都是如何发现的，就能够验证你的人际关系。

大多数的人都认为自己的人际关系没有任何问题，认为自己是被人信赖的。我们应该跳出这种"自以为是"，去验证自己的人际关系情况，确认自己是否真正拥有良好的人际关系。

以下就是重新审视人际关系的第一步。

○ 遵循"认识—理解—尊重"三步骤

确认了自己的人际关系情况后，接着要理解沟通的基本意义。

沟通就是从认识到理解再到尊重，是一个循序渐进的过程。

"认识"，就是要对对方的情况有一个基本的认知。例如，对方现在是高兴还是失落，心情看起来好不好等。

"理解"就是要深入了解对方的情况，主动迈出第一步，打开对方的心扉让对方说话。

"尊重"就是要考虑对方的心情和立场，这样对方才更容易接受你。

要想动员别人，就必须先建立起人际关系，并且双方要产生沟通和交流。只有充分理解对方的情况，认真倾听对方说话，并理解和尊重对方的心情，按照从认识到理解，再到尊重的顺序，才能让对方接纳你，从而认可你。

提升倾听力的三个技巧

对对方的情况有一个基本的认知

对方是开心还是厌恶，要认真观察对方的状态。

主动迈出第一步提问对方，让对方先说

要想让别人理解你，就先去理解别人

要接受对方的立场和情绪

要把对方放在第一位，尊重对方，尽可能地为对方考虑。

**如果不遵循以上步骤，
对方就无法接受你所说的内容**

♻ 放心—信用—信赖的要点

○ 在人际关系中学会察言观色

人很容易对初次见面的人感到不安，会考虑："这个人会成为我的伙伴吗?"只有消除了这种不安感，才能够让对方感到放心。这时，寒暄就相当重要了。早上上班的时候说声"早上好"，下班的时候说声"辛苦了"，像这样简单的寒暄就有很好的效果。

通过日复一日的简单寒暄，能够让彼此逐渐放心，久而久之就能够让别人觉得你是一个讲信用的人——有时候会和那个人打招呼，有时候也不打招呼，但是那个人每天坚持和你打招呼，真是一个讲信用的人。

得到别人的信任后，还要继续维护这层关系。继续每天寒暄，认真倾听他人说话，逐渐建立起沟通关系。这样一来就能建立起彼此间的信赖关系。

　　要时刻牢记，放心—信用—信赖是人际关系的"晴雨表"。

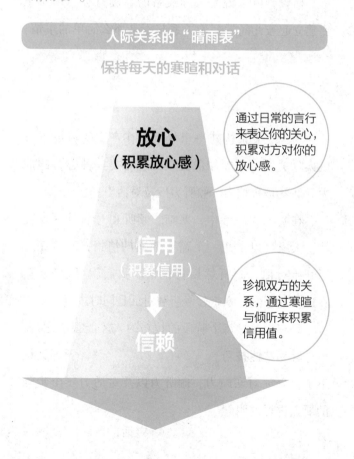

人际关系的"晴雨表"

保持每天的寒暄和对话

放心
（积累放心感）

通过日常的言行来表达你的关心，积累对方对你的放心感。

信用
（积累信用）

信赖

珍视双方的关系，通过寒暄与倾听来积累信用值。

○ 区别寒暄、倾听、对话

信赖，可以说是人际关系的终极目标。然而想要建立起彼此间的信赖关系却不是那么简单的事情。要想建立起彼此的信赖，就必须遵循"放心—信用—信赖"的顺序，一步一步地完善，才能够建立起牢固的人际关系。

为建立关系构建一个场景，在真实的环境下发展人际关系，不断加深关系，还需要三种必备的能力。那就是寒暄力、倾听力以及对话力。

在实际的对话中，寒暄、倾听和对话是一个整体。大家可以试想一下需要沟通的情景，寒暄完之后开始对话，倾听然后再说话。我们就可以知道，在这个过程中，寒暄、倾听和对话是同时进行的。

只有学习过每个阶段的技巧的人才能很快理解，也更容易掌握技巧。"了解"就是"分解"。那么接下来就分项对寒暄力、倾听力以及对话力三个步骤的要点进行说明。

何谓沟通？

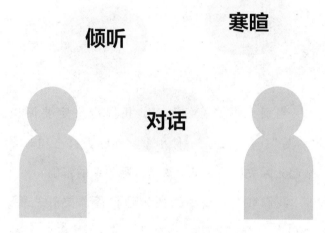

只有自己与对方相互理解，沟通才能成立。我们经常会遇到自己原本想要表达的意思并没有准确地传达给对方的情况。这种状况，大多数时候差错是出在寒暄、倾听或者是对话这三个步骤中。在分析沟通发生差错的原因时，最重要的是要将寒暄、倾听和对话这三个步骤分开来分析。

↻ 要点一：寒暄力

○ 沟通始于寒暄

当别人说"你好"时，我们也一定要回应"你好"。仅仅是这一件小事就能够为自己和对方架起人际关系的桥梁，这是人际关系的基础。

我们每个人从小就被父母教育"要有礼貌，要和人打招呼"，从上学开始就一直在向老师问候。

我们在刚步入职场的时候，早上与同事见面打招呼都会精神十足地说声"早上好"。但是时间一长就逐渐忽视了这些礼节，或者即使与人打招呼也是随声应和而已。

在日本"琴瑟和鸣""不言自明"被认为是很好的事情。由于日本人本身既有察言观色的性格，所以就很容易避开以寒暄为代表的固定交流。

但是，如今越来越多的年轻人选择不和人刻意打招呼，因为会觉得"比较麻烦""没什么用"或者是"会给别人造成困扰"。可能也是因为这个原因，日本人创造了一个万能词——どうも（译者注：对应中文的"不好意思""对不起""你好"等表达）。它能运用在各种场合，和人打招呼的时候，表达谢意的时候，甚至是道歉的时候，都可以用这个万能词。这种简短的问候，看似让沟通变得简单了，事实上这只是单方面的"自以为是"。"他应该会明白的""我应该表达清楚了"，这种单方面的考虑其实会影响沟通的效果。在要求明确沟通的商务场合中，避开这种含糊的表达才能让沟通更顺利。

有的人会因为自己不擅长寒暄而逃避沟通，这种类型的人反而更应该多去和人寒暄。为什么这么说呢？因为寒暄的大部分句子都是固定句式，只要说几句适应当时的时间和场景的话，就能够与人展开一次沟通。上班的时候说一句"早上好"，下班的时候说一句"我先走了"，这样简单的一句话就能够建立起人际关系。在日语中，"寒暄"这个词就是打开心扉，向对方靠近的意思。

如今的商务场合都讲究高效，杂谈会和酒会这种比较消耗时间的沟通方式正在逐渐减少。正是因为如此，寒暄这种简单的方式才能利于推进双方的关系。

○ 通过寒暄建立关系的"四原则"

要想通过有效的寒暄建立起关系，就要遵循四大原则。这四大原则就来源于构成"寒暄"这个词的四个假名。

あ——将开朗、阳光的一面展现给对方。（译者注：日语中"开朗"一词的首个假名为"あ"）

い——无论何时何地，都精神十足。（译者注：

日语中"何时"一词的首个假名为"い")

さ——热情地先打招呼。（译者注：日语中"先"一词的首个假名为"さ"）

つ——持续地、逐渐深入地与对方沟通。（译者注：日语中"持续"一词的首个假名为"つ"）

首先，"将开朗、阳光的一面展现给对方"是寒暄的基本。只有满脸微笑，并清楚地说几句问候的话，才能够给对方留下好的印象。同样，对方若是也满脸微笑地回应你，你也会觉得十分开心。

其次，"无论何时何地，都精神十足""热情地先打招呼"是一个准备工作。因为，一旦某天突然遇到认识的人，也能够快速地做出反应，精神头十足地和人打招呼。

最后，"持续地、逐渐深入地与对方沟通"正是寒暄最重要的一点。

提高寒暄力的技巧

先于对方打招呼	能够给对方留下好的印象，有助于对方卸下心理防御。
满脸笑容地打招呼	能够让对方产生亲近感，也比较容易得到对方的回应。
多说几句话	在简单的寒暄过后多说一两句话，更容易建立起亲密的关系。
寒暄前先观察对方的状况	要站在对方的立场考虑。考虑当时的情景是否适合寒暄，是否会打扰到对方。
尽可能地与更多的人寒暄	如果能和其他部门的同事积极地打招呼，你所在的职场氛围就会更加良好。

↻ 要点二：倾听力

○ "听"与"说"合二为一，缺一不可

构成沟通的两大要素是"听"与"说"。这就相当于人的呼吸系统。呼吸，就是吸入空气，吐出二氧化碳。不吸入气体，也就不能呼出气体；同样，不呼出气体也就不能再吸入气体。而在沟通层面上，做不到"听"，也就不能很好地"说"。"听"与"说"合二为一，缺一不可。只有当"听"与"说"配合完美，才能形成良好的沟通，从而将对方连接起来。而沟通的第一步就是"听"。

如今社会很多人都不擅长倾听。因为随着社会的高度发展，以自我为中心的人越来越多。这类人每天就想着"我怎么样"，把自己放在第一位。人确实是以自我为中心的物种，但是沟通却是双方面的行为。因此，在沟通时要首先为对方考虑，然后有意识地去倾听。

○ 对话是"你来我往"

对话是一种"你来我往"，也就是一方"刺激"，一方"回应"。说话属于"刺激行为"，倾听并做出反应属于"回应行为"。谁都喜欢能倾听自己的人。

善于倾听的人也可以说成是善于做出反应的人。例如，当对方说"听说傍晚时候要下雨呢"，这时候你回应一句"啊，是吗？"，就会显得特别冷漠，对话也就结束了。相反，如果你回应一句"啊，我还真不知道，你带伞了吗？"，对话就能往下进行了。无论是聊天气或者是季节，这些都是引起话题的由头，真正的目的是让对话进行下去。

当对方主动与我们说话时，我们应该认真倾

听，并在适宜的时候做出热情的回应。这样一来就能让对方对我们产生好感，从而构建起良好的人际关系。因此，倾听的时候请务必做出热情的回应。

○ 听闻、倾听、打听

在"听"这个行为中有三层含义，分别是普通的"听闻"，认真的"倾听"以及询问的"打听"。它们有着不同的含义。（译者注：日语中有两个词都能表达"听"的意思，一个写作"闻"，一个写作"聴"）

普通的"听闻"就是我们大多数人日常都会发生的动作。汉字"闻"有"听"的含义。仅从字的构造就可以看出，"闻"是一个门字框，也就是在外面设了一道门。这本身就是已经设置了一个心理防线。因此，在这种状态下其实并不能认真地倾听对方所说的内容。

"倾听"就是认真地听对方说话。"听"的繁体字写作"聽"，它的左边是一个"耳"字，右边是由"十四"和"心"构成。这个字的意思是要求我们要竖起耳朵，同时拿出比自己说话时候还高的十四倍精神，用心倾听对方。也就是说我们一边认真思考对方是以什么样的心情说出那样的话，一边认真倾听。

"打听"，就是要询问背景和理由，是一种深入的沟通方式。这种沟通方式在商务场合中经常用到。

从"听闻"到"倾听"再到"打听"，听话者的积极性越来越高，能获得的信息也越来越多，但如果事事都"打听"，容易精疲力竭。我们要学会在沟通中根据具体情况，采用不同的"听"法。

听 → 倾听 → 打听

被动

听 （译者注：汉语繁体字写作"聞"）

最简单的听法。光从汉字结构就可以看出，"闻"的外面是一个门字框。在听别人说话的时候，自己的内心已经有了一扇门，也就无法认真倾听对方说话。

↓

倾听 （译者注：汉语繁体字写作"聽"）

竖起耳朵，用十四倍的精神用心倾听对方说话。认真体会对方的心情和话语。

↓

打听

通过询问，了解对方所说的内容中更多的背景和含义，促进积极的沟通。这种沟通方式在商务场合中经常用到。

主动

○ 通过积极倾听，与对方连接

有一种沟通方式叫作"积极倾听"，它能够给对方带来满足感，同时让对方信赖你。这种倾听方法通常是重复对方说的话，与对方确认信息。主要方法如下：

对于通知或报告这种形式，要重复时间、地点等信息。

不断重复关键词。

对方通知"12 日的 10 点一起开个会吧"，你就要重复内容"是 12 日的 10 点，是吧""为了保证会议顺利，得好好准备一下"，像这样积极地和对方确认，就会给对方留下很好的印象。

因为积极倾听是一种主动的姿态，因此就会给对方一种满足感。此外，积极倾听还能够避免误会以及由于省略而产生的误解等这些问题。因为我们的提问会得到对方的回答，这样一来就能够深入理解信息，保证有效的沟通。

能够得到对方信赖的 "积极倾听法"

运用"积极倾听法"，

能够获得对方的信赖，与对方连接

"听"的方法	"听法"的关键点			说者的心情
	眼睛	回应	言语	
消极倾听 〔毫无头绪的 否定型"听法"〕	✕	✕	✕	✕ 不安、不开心
积极倾听 〔较为礼貌地 肯定型"听法"〕	◯	◯	随声 附和	放心
主动倾听 〔能够获得对方信赖 的积极型"听法"〕	◎	◎	确认 关键 信息	满足

↻ 要点三：对话力

○ 边说边听，边听边说

无论日常生活还是商务场合，对话是沟通必不可少的一个环节。很多人认为与人说话就是对话，然而事实并非如此。

边说边听，边听边说，这种双方互动的形式才是真正的对话。自己一个劲儿地讲，或者只是默默地听着对方说话且毫无反应等，这些都不能称之为对话。

真正意义上的对话，是需要理解并尊重对方，认真倾听对方，同时耐心地以通俗易懂的方式讲述自己的事情。通过这种方式，可以让彼此都心生好感，变得更加亲近，也就更利于建立良好的人际关系。

与寒暄力、倾听力一样，在日常生活和商务场合中与人连接时，对话力也一样重要。即使你自认为自己与人对话很有自信，也请一起来重新审视一下自己的对话力吧。

○ 通过"一问二答"让对话活跃起来

当对方随意和你说一句话，你会怎么回答呢？例如，当有人和你说"今天真冷啊"，你会怎么回答呢？通常我们会只回答一句"是啊"。

即使是不经意的一句话，只要你意识到"一问二答"，就能让对话内容丰富起来。当有人和你说"今天真冷啊"，你回一句"是啊，听说这周末会更冷。"或者是"是啊，你带外套了吗？"像这样补充些信息或者提问一下，就能让对话持续下去。

如果想进行"一问二答"的对话方式，但是又找不到合适的措辞，这时候找一个稍微偏离话题的措辞也没有关系。只要是想要开心地对话，随便说些什么都可以。

对话也是一种勇气。说错话了怎么办？惹怒对方怎么办？比起因为担心这些而闭口不言，还不如因为"说错话"而让对话继续下去。而且，"说错话"或者是稍微偏离话题反而是一种新的刺激，说不定还能聊出更多有趣的事情。

○ 通过提问来掌握对话

人一旦被提问就想要回答。如果你能巧妙地提问，那么你就能够主动掌握对话的方向。

"提问"，顾名思义，就是"提出疑问"。也就是说，要询问对方所谈论的内容的本质和背景并获得确切的回答，这个过程才叫作"提问"。日本人生来就不擅长提出疑问。如果能够掌握巧妙提问的技巧，不仅能够提升对话力，同时还能提升倾听力。

提问有以下三大要点：

对于别人的话，不能随便一听，要边思考边提问。
明确想要了解的信息。

要铭记5W1H，简洁地提问。[注：5W＋1H，是对选定的项目、工序或操作，都要从原因（何因Why）、对象（何事What）、地点（何地Where）、时间（何时When）、人员（何人Who）、方法（何法How）等六个方面提出问题进行思考。]

若是能够尊重对方，并巧妙地提问，就能够得到更具体、更丰富的信息。因此，在对话中我们还要注意提问的方式。

○ 分别使用三种提问形式

根据目的的不同，提问大致可以分为三种类型：①社交性提问；②增进理解的提问；③动机性提问。①～③的顺序就是不断深入提问的顺序。

①社交性提问

"你好吗?"这种以提问形式展开的寒暄就叫作社交性提问。对于这类提问，对方通常会简单地回应一句肯定性的回答"YES"。一句简单的肯定回答就能自然而然地让双方心情愉悦，从而构建起良好的人际关系。

②增进理解的提问

这种提问就是对自己想要了解的事情进行提问，从而促进双方的理解。例如"最近忙吗?"这种提问也是一种增进理解的提问，是为了了解对方的近况和心情。

③动机性提问

这种提问是让对方转换立场思考问题的提问方式。它能够激起对方的主动性，让对方做出选择或决断。例如："A方案和B方案，你认为哪个更好一些?""如果你是顾客，你会怎么想?"这种提问方式就叫作动机性提问。

通过社交性提问和增进理解的提问，能够建立起良好的关系，然后再运用动机性提问来与对方连接。①～③的提问顺序构成了完整的提问流程。

⟳ 让对话顺利进行，需要做好充分的准备

○ 三大原则让对话顺利进行

对话中必不可少的就是要"措辞"。我们常说在沟通时要"措辞""关心"。所谓"关心"，就是不要让对方尴尬。如果能不让对方陷入尴尬，那么对方就会满意，就能够建立起良好的关系。

我曾听说过这样一个故事。在一个接待处的窗口，有位太太忘记带图章了。接待人员说"没关系，摁手印也是可以的"。这位太太说"手印被老公带到公司去了"。此时，接待人员接着说："没关系，那辛苦您伸出右手大拇指按压一下印泥，把手印摁在这里。"

这位接待人员的做法，就是为了不让对方尴尬，

他真是一个善解人意的人。这个故事也被传为佳话，
刊登在了报纸上。

要想能够做出如此让人舒服的反应，就要遵循
三大原则：措辞、关心、行动。因此，在与人说话
时，一定要谨记用心，将关心藏在措辞中，并付出
行动，才能让对话更加愉快。

三大步骤都做好，
才能将心意传达给对方

要遵循措辞、关心、行动
三大步骤，才能得到对方
的好感和信赖，从而构建
良好的人际关系，让沟通
顺利地进行，最终形成良
性循环。

↻ 注意事项一：要有共情能力，尽可能地考虑对方的感受

○ 沟通并不是简单的对话，而是要经常考虑对方的感受

当我们在对话的时候，肯定是双方的。然而我们有没有真的在意过对方呢？或者说我们是否真正站在对方的角度体会过对方的心情呢？有没有做到这一点，影响着我们是否将自己的心意传达给了对方。

当对方说话时，如果你只是单纯地听，那么你一定不能理解和体会对方的心情和感受。例如，当下属做成了一个大项目，作为领导的你可以说一句"这个项目很难啊，你真是太努力了"；当听到客户

向你倾诉烦恼时，你可以说一句"真是辛苦啊"。像这样说一些能够站在对方角度，体会对方心情的话，在沟通中是十分关键的一点。

当你自己在说话时，不要只是一味地说自己想说的事情，要多为对方考虑一些，尽量说一些对方感兴趣的事，对方想要知道的事。

我步入社会后从事的第一份工作是销售机械设备。刚开始的时候，我拿着销售人员手册死记硬背，然后再把手册上的所有内容都讲给顾客听。很长一段时间内我都持续着这种"次销售方式"，因为它很符合我急切想要促成购买的欲望。然而结果却不尽人意。

看到我这样急功近利的销售方式，前辈带着我去了他的销售点。在和客户闲聊了几句后，前辈问道："目前的情况，您觉得哪些是比较困扰您的呢？"紧接着客户开始诉说自己的困扰。前辈认真地拿笔记录着客户所说的困难和问题。

在听完客户所说的问题后，前辈说道："听了您说的这些，我认为我们的机器一定能够解决您的问题。回去我整理一下您的问题，思考一下如何能让机器解决您的问题，然后给您带过来。"就这样，当天的推销结束了。在那之后，前辈促成了一次全新的销售。

　　由此可见，沟通并不是单纯地听、机械地做就可以，而是要尽可能站在对方的角度，考虑对方的感受。

注意事项二：要保持一颗积极主动的心

○ 用你的心意打动对方

要想对话顺利地进行，"心意"也是至关重要的。这里指的是，想把某个信息传达给对方的"心意"。

我曾经听过一个故事，关于一位制造公司的管理者，在其年轻时第一次走出国门的事情。出国前他苦练英语，等到了当地的一家餐馆后，他自信满满地用英语点起了餐。然而苦练的英语并没有什么效果，店员并没有听懂他说什么，便问道："您能再说一次吗？"听罢，这位管理者十分失落。

就在这时，服务员说："不好意思，我耳朵不怎么灵。"于是管理者又鼓起勇气，用手指着菜单告诉店员自己要点的菜。点菜完毕后，店员微笑着说："明白了，特别清楚。"

很显然，说自己"耳朵不灵"是服务员的一个小智慧。因为服务员认为那位管理者根本没有必要因为语言不通而感到羞愧。可以说服务员意识到了重要的事情。

从那以后，这位管理者对说英语更加自信了，在各种场合都能说一口流利的英语，对话能力也提升了很多。如今他的英语已经相当厉害了。

即使语言不通，只要有想要表达给对方的心意，就能够传达给对方。

在这里我只举了一个外国语言背景的例子，事实上日本人之间的沟通也是一样的道理。如果在对话中没有自信，只要有想要将自己的看法和意见传达给对方的心意，就一定能够打动对方。我们要保持积极主动的心态展开对话，不断积累经验。

↻ 注意事项三：要根据具体情况灵活应对

○ 提升灵活性的五个法则

说话的对象不同，说话的内容和方式也会不同。而且，即便是同一个说话对象，场合不同、在场人士不同时，也应该选择不同的说话方式。

何时，何地，和谁对话都影响着说话的内容和方式。这其中最重要的就是要讲究灵活性。要保持灵活性，在说话的时候就要遵循几个关键点。简单来说就是要在脑海中谨记五个法则，灵活地寻找话题。

"等待"：观察周围事物并找到话题点。

"重新审视"：即使是同样的话题，重新审视也会发现不同的含义。

"转换方向"：改变出发点，从一些假设或完全相反的方向去思考。

"看向对方"：观察对方，发现新的话题点。

"问题意识"：要有"打破砂锅问到底"的精神。

如果能够运用好这五个法则，就能够灵活地掌控对话的节奏和方向。例如，当对方突然沉默，你也没有什么可以聊的，此时就可以观察一下周围有没有什么话题点。假如墙上正好有一幅画，你就可以就那副画展开新的话题。再举一个例子，当你是卖方时，你可以从买方的角度去思考问题并进行对话。

想要找到合适的话题，就要灵活掌握这五个法则。我们所处的交流环境通常是在时刻变化的。能够灵活地转换话题找到可以聊的事情，这种能力是在各种经历中锻炼出来的。因此，我们要保持一个积极的心态，灵活地处理各种问题。

如何快速学会掌控对话的能力

○ 将日常对话中的五大要素相加

对话的语言、态度以及心理准备关系到是否能够达成对话的目的，也影响着对方对你的印象。只有把握好对话的语言、态度以及心理准备，才能掌控对话的节奏。

掌控对话的节奏，听起来比较难，但是只要把日常对话中的要素加起来并灵活应用，就能够掌控对话的节奏。日常对话中的要素主要是以下五点。

（1）称呼对方的名字。

（2）使用肯定的表达。

（3）尊重对方的风格。

（4）不要拘于成见。

（5）要表情丰富地说、听。

几个短句就能表达出主要意思，但还是想在下文中具体展开论述，清楚地讲述如何实现更好的沟通。

○ 1. 称呼对方的名字

"山口先生，早上好！"

"川中先生，关于那件事……"

像这样，在打招呼或者是说事情的时候，先称呼对方的名字的这种行为有两个好处：

第一个好处是更容易得到对方的回应。明明和对方说话了，但却没有得到回应，你肯定会特别失落。这种情况很多时候是因为对方并不知道是谁在和他说话。如果在说话前先叫对方的名字，就能够避免这种误会。

第二个好处是会给对方一种亲切感。人都会有一种想要被认知的心理。称呼别人的名字，就会满足对方的这种心理需求，让对方感到被肯定，从而和你产生更亲近的感情，也就更容易信任你。

○ **2. 使用肯定的表达**

在沟通中，突然被人否定，任何人都会有防备心。相反，如果说一些肯定的话，那对方就会很放心而且很容易听进去。想让对方更容易听进去你的话，最重要的要素之一就是多使用肯定性表达。

人都会有自尊心，更容易听进去肯定、认可自己的话。因此，要想让对方被你影响，并与你连接，其中一个方法就是要多用肯定性表达。

同样，在听对方说话时，也要积极肯定地去听。

当对方正处于消极情绪时，你就多运用积极的表达；当对方处于积极情绪时，你就更要用积极的表达，让对话更加积极。例如，当对方和你抱怨说"领导说我工作太慢了"，你可以回应说"这说明你是一个认真严谨的人"，像这样通过肯定的表达方式将对方的特点表达出来。

因此，无论是在说话还是倾听的时候，都要多运用积极肯定的表达方式，这样才能构建起彼此间的信赖关系。

○ 3. 尊重对方的风格

动作麻利，会说话，感情丰富，运动神经好等，这些都是每个人不同的风格体现。要想理解每个人的不同风格，就要多关心对方，仔细地观察对方。

当找到每个人不同的风格后，就可以根据每个人的特点，取其所长。

例如，A在工作中办事特别利索，但是却总是有错误；B虽然手脚慢，但是却很少犯错误。那么一般作为他们的领导会怎么评判这两个人呢？如果领导在B面前说"A办事特别麻利，真不错"，那么B很可能就会在心里抱怨"我虽然动作慢，但是我却很少出错。凭什么领导要这么评判"。

作为领导，比起评价员工是"少出错好"还是"动作快好"，更应该做的是理解并尊重每位员工的办事风格，并在与员工说话时注意措辞，这样才能在你与员工之间建立起良好的信赖关系。

○ 4. 不要拘于成见

"那个人就是想干扰我""我说什么他都说 OK，真敷衍"，类似这种主观臆断，在平时的工作中必须时刻注意，不要犯这种错误。

在日常沟通中，一旦一个人带有主观臆断的心理，只要稍有不满意的地方，就会怪到对方头上，很容易地就会责怪对方。因此，在日常沟通中，我们要尽可能地抛开成见，以空白的心态去听对方讲话。遇到难以启齿的事情时，只要诚实地传达事实就好。

不拘于成见，这一原则在有感情基础的关系中也同样有效。

一天早上，我一边吃着早饭，一边和妻子说"给我一张纸巾"。妻子像是在拿脏东西似的，用大拇指和食指的指尖抽了一张纸巾递给了我。看到此景我有些生气，便按捺住情绪深吸一口气问道："你为什么要用指尖拿呢？"妻子回答说："因为我的手是湿的，担心弄湿纸巾。"虽然人控制自己的情绪是比较难的事情，但是我们更应该做的是，深呼吸后大胆地问清楚事实。因为日常生活中难免会有自己意料之外的事、误会别人的事。

○ 5. 要表情丰富地说、听

在与人说话的时候，必须要注意表情、态度等这些肉眼可见的情绪。

当听到有利的信息、有意思的话时，表情开心地回应对方，就能从视觉和听觉上回馈给对方，让对方感知到你的情绪。与人说话时的表情和态度的关键法则是"背目手脚衣癖"。当你记住了这六个字，再加上丰富的面部表情，就能将你的情绪反馈给对方。

"背"就是挺直腰板；"目"就是温和地看着对方；"手"就是不要乱动手。"脚"就是让双脚承担着一样的身体重量，站姿和坐姿不要有偏颇；"衣"就是要穿着得体大方；"癖"就是不要有抖腿等恶习。

无论是说者还是听者，其面部表情和态度都影响着双方的情绪。当领导用极其严肃的表情命令下属"去给我做这件事!"下属就会陷入一种被强硬要求做某件事的消极情绪。如果用温和的语气说"我能拜托你这件事吗?"下属就会油然而生一种想要努力帮忙工作的积极情绪。请记住，你的表情和态度掌控着对方的情绪。

本章要点总结

建立关系的场景是什么？

☑ 连接的第一步就是要构建一个促进关系建立的场景。

☑ 沟通是认识、理解、尊重三个步骤循序渐进的过程。

☑ 从放心到信用，再到信赖，是关系建立的标志。

☑ 沟通分寒暄、倾听、对话三个步骤，务必记住每个步骤的要点。

☑ 在对话中一定要多用心。将心意通过措辞表达出来，同时采取行动。

☑ 与人说话时要尽可能地去体会对方的心情。

☑ 要想让对话顺利进行，你的"心意"很重要。

☑ 只要有一颗想要传达的心，就能够将你的心意传达给对方。

☑ 要根据具体情况灵活转换说话方式。

☑ 认真对待对话时的态度和心理准备，就能够把握对话的节奏。

☑ 不仅要尊重对方的风格，还要注意表达方式。

第二章

引起周围
的人共鸣的
三个要点

　　连接的第二步，是构建一个增进相互理解的场景。
要想引起周围的人的共鸣，并把周围的人连接起来，就
必须要掌握技巧，按部就班地推进。

⟳ 增进理解，需要构建一个场景

○ 只有构建起一个相互理解的场景，才能引起对方
的共鸣

连接的第二步，是要引起他人的共鸣。

自己能够积极主动地产生共鸣是比较容易拉近
距离的。但是想要让别人产生共鸣，就不是那么容
易的事情了。

要想引起别人的共鸣，就要创造一个"通风良
好"的环境。也就是说必须要构建一个增进相互理
解的场景。

一般情况下，让对方提问，然后开启话题展开
对话，就能够增进相互理解场景的构建。例如，在
开口交谈的时候先说"随便聊点什么都行""请放
心，我不会和其他人说的"，这样一来，就会让对方

放心地和你交谈。这个时候，倾听的一方也要适时提问，这样就能够营造一个容易提问的环境，从而增进双方的相互理解。

询问烦恼或者意见的时候的措辞

营造氛围和环境

让对方容易开口说出自己的事情的氛围

自己容易提问的氛围

"随便说点什么都行"
"放心，我不会和任何人说的"

- 选择一个安静的场所
- 在中间有时间的时候提问

询问烦恼或者意见

"这种状态是你期待的吗？"
一边确认对方的真实想法（希望怎样解决问题），一边提问

进一步推进谈话

"感谢你和我说这些，聊得很愉快"
"这件事，是可以理解为……的吧？"

○ 找到话题的切入点，促进相互理解

在谈到烦恼或者建议的时候，找到话题的切入点十分重要。切入点有时候也叫"说服点"，是能够引起人共鸣的"穴位"。

要想找到切入点，需要认真听对方说话，然后从对方的话语中找到那个点。如果太急于回答的话，就会有很多疏忽的话题点，因此必须要注意耐心地听对方说的话。因此在交谈的时候，不要突然进入主题，而是要打开对方的心。然后再提出一些事情的解决办法，让对方能在你的一些建议中有所选择。通过这样的过程彼此才能逐渐接近。

在找到话题的切入点后，最好用提问的形式向对方确认一下。例如："你看，用这种方式解决这个事情可以吗？"

在日语中，"理解"这个词的发音倒过来读就变成了"生气"的发音。人际关系的争执都是因为彼此间的相互不理解。因此就需要我们构建一个相互理解的场景和氛围，这样一来就可以增进彼此间的理解，从而减少争执，构建起良好的人际关系。

找到"切入点"的方法

建立关系

在交谈时，不要突然进入主题。首先要消除对方的担心，让对方产生一种放心感，认为"和这个人说一些话很放心"。逐渐打开对方的心扉是建立关系的关键。

对与双方都相关的话题进行提问

"某人去那里了吧。""在那之后具体怎么样了呢？"用这种类似采访的形式进行反复提问，一边将话题引到双方都相关的事情上一边进行提问。

找到关键点

找到几个切入点后，就要思考能让对方主动说出一些想法的"穴位"是哪里。我们并不是要覆盖到所有"穴位"，而是要找到最关键的那个点。

用提问的方式给出对方选项

"A和B选择哪个比较好呢？""可以这样考虑吗？"我们要尝试这种能够让对方主动做选择并行动起来的提问方式。要知道，我们并不是提供解决办法，而是要引导对方说出解决办法。

⟳ 要点一："如果是这个人的话，我很信任"

○ 循序渐进地引起周围的人的共鸣

要想让彼此间有更好的理解，就要引起对方的共鸣，引起周围的人共鸣有三大要点。首先是要让别人信任你，就是要懂得换位思考。

我们大家肯定都有这样的经历，对于我们认为值得信赖的人，我们会很容易听取对方的意见。同样，对于感到让自己放心和信赖的对象，也就是说"如果是这个人的话，我很信任"，对于这些人来说，就很容易产生共鸣。然而，要想达到如此被人信任的程度，必须要经过几个步骤。

首先就是第一章里提到的寒暄、倾听和对话这三个关键点。此外还要注意一些能够让对方对你有好感的加分项，例如说话时注意礼貌，态度真诚；

同时保护他人隐私，遵守承诺。只有这样才能得到他人的信赖。只有让别人足够信赖你，才能唤起别人的主动意识去为你做事。

> ### 让别人产生
> ### "如果是这个人的话，我很信任"的步骤

1 寒暄·倾听·对话·礼仪·微笑·
引起共鸣·得到理解

⬇

2 有礼貌，诚实，守信

⬇

3 得到他人信赖，获得帮助

⬇

这个人的话，我可以！

○ 有时候瞬间的一句话就能让关系变得融洽

要想得到他人的足够信赖需要花费很多时间。但是，有时候瞬间的一句话就会让关系发生戏剧性的改变。

我曾经的上司是一个特别难应付的人。不管我多忙，他都会有意无意地站在我身边问我一些事，"那件事情有进展了吗？""更新后的文件放在公司共享文件夹里了吗？""这个月的目标完成了多少了？"而且声音还很大。

因为是上司，所以我也不能无视他。只能一边不情愿地应答着，一边心里想着"这个人真烦人"。

有一次我和他一起去拜访客户，由于时间紧迫，就由我开车前往。在黄灯亮起的时候，我不小心行驶进了十字路口，被警察拦了下来。这时，上司说道："对不起！他是我的下属，是我让他开过去的。因为有重要的会议，担心迟到，有点着急了。实在不好意思！"就这样，他把责任自己承担了。警察听完上司的话，也就没再追究，叮嘱下次要注意后便走开了。

在听完上司说的话后，我对上司一直以来的厌恶感在那一瞬间都消失了。

这样的经历虽然算不上什么大事，但是有时候瞬间的一句话就可以让两个人的关系发生180度的大转变。

瞬间的一句话能看出一个人的人品。因此我们在日常生活中就要十分重视对方，注意自己的言行。这样一来，在不经意的某个瞬间才能说出让对方感动的话。

↻ 要点二：人不可能独活于世

○ 理解周围每一个人，与对方产生共情

对于职场中的我们来说，不可能只关注自己的工作而忽视周围的事情。公司是一个需要集体共同努力达成目标的组织。没有上司、同事和下属，任何一项工作都无法开展。

此外，日常生活也是如此。如果没有各种人际关系，我们就无法拥有高质量的生活。例如，没有家人和朋友，我们的生活就会很单调；没有便利店、超市等这些公共服务设施，我们的生活就会不方便。

因此，人不可能独活于世。我们应该认可周围的人的存在，并怀着感恩的心情，与周围的人产生

共情。

俗话说，"三个臭皮匠赛过诸葛亮""一箭易断，十箭难折"。只要积极地与周围的人合作，就能够完成一个人完成不了的目标，失败的时候也会有人分担。相反，若是不与周围的人合作，那么什么事情都要自己一个人背负，最后就会在公司内被孤立。

即使一个人能处理好工作，对自己的能力有足够的自信，但是也要明白，一个人能够完成的事情毕竟有限。只有多多关注那些需要组织领导、团队合作的工作，才能不断拓展工作的范围。

只有意识到一个人的力量有限，才能与周围的人产生共情，帮助你更加顺利地完成工作任务。而且，与周围的人产生共情能够增进双方的相互理解，从而把周围的人连接起来。

○ 要时刻意识到"上下""左右""内外"的关系

商务场合中的人际关系分为"上下""左右""内外"三类。"上下"指的是公司内部的上下级关系。例如，课长的上级是部长及部长以上的领导，课长的下级是科长及科长以下的下属。"左右"是公司内部的横向关系。一般来说公司内部有很多部门，而部门之间的关系就是"左右"关系。"内外"是指公司内部与外部之间的关系。例如，客户或者合作伙伴之间的关系。

一个组织，必须要兼顾"上下""左右""内外"这三层关系，全方位推动工作。如果只是盯着其中一个方向，一味地批判指责，那么另外两层关系也不可能发展得顺利。因为，当我们用手指指向别人的时候，另外三根手指是指向自己的。倒不如把五根手指都展开，对外发展更多、更好的关系。

商务场合中的人际关系

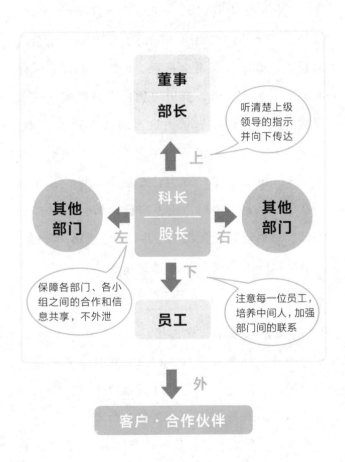

○ 越是被攻击的时候，越要冷静思考

当我们认识到"人不能独活于世"后，就会伸手去找伙伴。然而所找寻的伙伴也不一定会认同我们，有时候甚至会抱怨、说教我们。这时候我们也很容易生气，会想"凭什么我要被他这么说教"。当我们执意认为这是对方在攻击我们，就很容易陷入负面情绪。在这种时候，倒不如冷静下来，好好想想对方为什么会不认可，甚至攻击我们。认真思考后，说不定就会体会到对方的心情，然后通过语言表达告诉对方你也感同身受。

下面就举例说明如何表达才能体现出自己也是感同身受。

"没有达到部长的期待，我感到非常抱歉。"这句话可以向经常说教你的上司说。上司之所以会说教你，就是因为没有达到他的预期。因此要努力站在部长的角度，体察部长的心情，然后表达歉意："我辜负了部长对我的期待。"这样就能

够感同身受，从而拉近关系。

"没能按照约定的那样完成，我感到十分抱歉。"这句话可以向怒火中烧的客户说。"我认为把任务交给这家公司的话绝对没问题，却出了这种问题。"我们要站在客户的角度思考，体察到客户的这种心情，真诚地承认自己的错误。

"妈妈，我总是让您担心，真是对不起。"这句话可以向经常打电话来问候你的妈妈说。妈妈会担心在城市打拼的子女，这样简单的一句话就是子女对母亲最好的回应。

像这样，认真思考道歉的表达方式，就能够让对方感知到你感同身受的心情。接下来你再深入表达歉意，对方的态度就会缓和下来，也就不会伸出手指去指责你，而是五根手指一起展开与你和解。

⟳ 要点三：语言并不是一切

○ 依赖于视觉与情感

在人际沟通中，最能给人留下深刻印象的是对方的表情、动作和姿态等这些视觉信息。美国心理学家的一项实验结果显示，在人际沟通中，55%的人会受到自己视觉感知的影响，只有7%的人会特别在意沟通的具体内容。

例如，当上司微笑着批评下属的时候，比起批评的内容，首先让人感知到的是"他在笑着说话"。因此部下就不会那么害怕，反而会觉得部长看起来很开心地在讲话。同样，当上司黑着脸夸赞下属的时候，下属不仅不会觉得开心，反而内心会很混乱。

除了要注意视觉信息，同样需要注意的还有听觉信息。例如声音的大小、语调等。正如日本人经常挂在嘴边的一句话"不是因为生气而声音变大，而是因为声音变大而生气"，当你的说话声音变大时，人会变得亢奋，从而增加怒气。

在沟通中，说者的情感会对听者产生很大的影响。例如，下属提高声音说："关于那件事的决定，请今天之内告知一下！"这样就会造成不好的气氛。这时候，若是上司能够用冷静的声调回答一下，那么不仅对方的情绪，自己的情绪也会冷静下来。

当然，听者的情感也会影响，甚至控制说者的情绪。

语言沟通并不是人际沟通的所有。比起欧美国家的人，日本人对于视觉信息、情感或者姿态等非语言交流比较迟钝。环顾周围的日本人，你会发现那些感情丰富，不停变换各种姿势、手势与人说话的人少之又少。大多数的人会觉得那样很不好意思。但是，比起不好意思，更重要的事情是要知道自己的不足之处，并努力改正。因此，为了与他人产生共情，请一定去挑战自己！

○ 通过镜像行为传达共情

镜像行为是一种简单的沟通方法，它能够通过视觉信息直接地将共情传达给对方。所谓的镜像行为，就是像镜子一样，模仿对方的表情和动作。通过镜像行为，感同身受的感觉就能够传达给对方，从而让对方放心。

例如，当说者谈到开心的事情的时候，会一边开心地笑着，一边说"真是太开心了"。这时候若是听者能够像说者一样，表现出很开心的样子的话，说者就会认为"看来这个人能够体会到我的感受"。

同样，言语上的镜面行为也同样有效。当说者说出"真费劲啊"的时候，听者也跟着说"确实是费劲啊"，这样一来就能让对方感到他的感受是被人真正体会到的。

这种方法也叫作"鹦鹉学舌"确认话法。人们对于和自己相似的人或物很容易产生好感，这种心理叫作相似性法则，它能够消除对方的心理防备。

"镜面行为"的效果

"镜面行为"
=
模仿对方的表情、态度、动作

真是费劲啊

请多多关照

增强共鸣

增强放心感、信赖感
沟通更加顺畅！

○ 道歉要充满感情

道歉，并不是简单的言语道歉就行，而是要去感知对方的情绪。所谓道歉，并不是"因为自己做错了所以道歉"，而是"因为自己的过错，导致对方有了不好的感受而道歉"。

因此，道歉的时候首先要考虑的事情是，因为自己的过错给对方造成了什么样的影响。然后从对方的角度出发，体会对方的情绪并表达自己感同身受的心情。

假如你是面包店的一名店员，有一位客人要买三个热销面包，但是你却不小心只放了两个面包就递给了客人。客人回到家中发现面包少了一个，于是怒气冲冲地打电话到店里……

试想一下，如果你是客人，会是什么感受呢?

好不容易买到的热销面包，一家人都等着品尝，然而却少了一个。想必一定很失望吧。

在这种时候，就需要一边想着客人的心境，一边诚恳地道歉："想必您一定很失望吧。实在对不起，真诚地向您道歉。如果您方便的话，可否告知一下您的地址，我们马上就给您送过去。"

有时候即便你道歉了也得不到对方的原谅。这种时候不妨想一想，你有没有真正站在对方的角度去体会他的心情。你潜在的反应更有可能是"不就是一个小小的失误嘛""马上送过去不就可以了么"等这种消极的情绪。

因此，在我们犯错后道歉的时候，要尽可能站在对方的角度去体会对方的感受，真诚地表达自己的歉意。

本章要点总结

增进理解需要的场景是什么？

☑ 为了获得对方共鸣，要建立一个增进理解的场景。

☑ 不要急于回应，要找到一个切入点，增进相互间的理解。

☑ 让对方有"只要是这个人，我完全信任"的反应，才能更容易引起共鸣。

☑ 有时候瞬间的一句话就能让人际关系和印象发生180度大转弯。

☑ 只有理解了"人不能独活于世"，才能与周围的人产生共情，从而形成人际关系圈。

☑ 对于商务中的人际关系，要从"上下""左右""内外"三个层面来考虑。

☑ 当被别人批评的时候，要努力站在对方的角度，冷静地思考问题。

☑ 在沟通中，要明白"语言并不是沟通的全部"，时刻注意视觉信息和情感。

☑ 镜面行为能够使双方更容易产生共情心理。

☑ 道歉的时候首先要站在对方角度充分考虑对方的心情。

第三章

让大家对目标
有当事人意识的
三个要点

连接的第三步，是"唤起对方的自主行动意识"，
这一步需要构建的场景是什么？

把握"天时地利人和"，让对方自主行动起来。

⟳ 构建唤起对方自主行动意识的场景

○ 把握天时地利人和

如果不熟悉或者不信任的人对你说"请你……""你应该……"这样带有强迫性的话，你做何感想呢？很多人应该会条件反射似的立刻产生反抗的情绪。人一旦在对方表示委托或者劝服时感受到了强迫，就会为了保护自己而进行反抗。

为了不引起对方的反抗情绪，同时唤起对方的自主行动意识，首先要按照第一章、第二章所阐述的方式建立人际关系，增进双方的相互理解，在此基础上，采取能够唤起对方的自主行动意识的交流方式。

唤起对方的自主行动意识的交流方式，最基础的就是要把握"天时地利人和"。

我有一个刚入职的同事，有一次受邀到日本著名大公司进行演讲。在演讲的时候下起了倾盆大雨，她看着讲义露出了忧虑不安的表情。看到她的反应，我对她说了句："辛苦你冒着雨演讲，加油！"但是，我的这句话并没有起到作用。于是，我的上司对她说："A，大家都等着听你的演讲呢。"听完我上司的话，她眼神发亮，动力十足地继续演讲。如果在这种时候，有人批评她不可以露出忧郁的表情，那可能会引起她的反感。

像上述这样，通过分析特定时间、特定人物和特定情况，利用这些条件，就能唤起对方的自主意识。

可能很多人觉得，必须认真分析每个场景的情况，必须应对各种状况，是很辛苦的事情。但是，只要我们抓住重点，不断加以练习，我们就可以唤起对方的自主意识，让对方拥有当事人意识。

○ 通过"万能语句"，顺利地唤起对方的自主意识

在讲解唤起对方自主意识的三个重点之前，我想先介绍一些"万能语句"。这些"万能语句"不仅可以在让对方拥有当事人意识，唤起对方的自主意识时使用，还可以在商务沟通和日常交流中使用。

比如，在拜托对方做事情时，单纯地说句"拜托你了"，和向对方尊敬地说句"实在不好意思，麻烦你了"，给对方留下的印象完全不同。

"万能语句"在表示委托时能起到很好的效果，在表示反驳和拒绝时，也十分有效。或许很多人认为自己已经在使用了，但是无意中使用，和有意识地使用，结果大不同。希望大家能够在考虑对方情绪的同时，有意识地使用"万能语句"。

给对方留下好印象的"万能语句"

表示委托

- 十分抱歉
- 实在不好意思
- 真不凑巧
- 要麻烦您了
- 如果可以的话

表示反驳

- 我明白您说的，但是……
- 可能得反驳您的意见……
- 确实如您所言，但是……
- 可能这么说有点不自量力，但是……
- 可能这么说有点失礼了，但是……

表示拒绝

- 真不凑巧
- 很遗憾
- 辜负您的用心了
- 不好意思

⟳ 要点一：采用能让对方行动起来的说话方式

○ 因材施教

想让对方行动起来，我们首先需要记住"因材施教"。"因材施教"的意思是，根据对方的性格和气质特征，采取适合对方的说话方式。这个词诞生于佛教的开山祖师释迦牟尼的一则传说。

传说释迦牟尼为了拯救受烦恼和痛苦困扰的人类而出家，6年辟谷于深山中，潜心修行。但只是潜心修行无法参悟红尘，因此他下山来到河边的菩提树下冥想。在第7天的黎明，释迦牟尼终于开悟，修道成佛。

开悟之后的释迦牟尼觉得这样就可以拯救苍生

了，于是开始开心地施教于人。但是人们对于释迦牟尼所说的话一脸茫然，几乎没有反应。

刚开始，释迦牟尼说的都是一些关于佛教本质的复杂教义。这对于当时没有学问的普通人来说，是难以理解的。意识到这个问题的释迦牟尼在之后的传教中，加入了普通百姓所熟知的贴切比喻和传说，简明易懂地传达了佛教的教义。

不考虑对方的情况，自顾自说，就会忽视对方的存在。这样不仅无法说服对方，甚至无法准确地传达想表达的内容。

首先，我们需要详细分析对方的年龄、性别、兴趣和理解能力等特征，同时在思考对方会如何理解我们所说的话的同时，组织我们的语言。通过这种方式，我们也许可以知道，如何表达才能让对方自发地采取行动。

○ 通过"动机性提问"，激发对方的自主性

关于让对方行动起来的说话方式，本书第一章

已经介绍了"动机性提问"。这种方式是通过提问的方式，不具强迫性地说服对方，通过转换观点和立场的提问方式，激发对方的自主性。

下面，我举一个"动机性提问"的代表性事例。母亲经常对孩子说的一句话是："这种时候，好孩子会怎么做呢？"这种非训斥的方式，能够激发孩子的自尊心，从而激起孩子的干劲。

还有很多"动机性提问"的事例。比如，保险的工作人员在介绍每个月的保险费用时，不会直接介绍金额，而是首先问顾客"您平时喝咖啡吗？"然后通过解释"每天的费用只相当于一杯咖啡"的方式来减轻对方的心理负担。另外，在确定约会时间时，通过"星期二还是星期三""上午还是下午"这样的提供选项的提问方式，就能够让对方做出选择。或者还可以通过转换观点和立场的提问方式来激发对方的自主性。

"动机性提问"的事例

减轻负担的提问

✕

每年的保险费是14万日元。

太高了，那我不考虑了。

每天的费用只相当于一杯咖啡哦。

确实很便宜，我可以考虑购买。

提供选项的提问

✕

要签约吗？

先不签约了

您觉得方案A和方案B哪个比较好？

如果要签约的话，我觉得方案A比较好。

转换观点和立场的提问

✕

我们必须站在客人的立场上思考。

如果你是顾客，你会怎么想？

要点二：巧妙地夸赞对方，让对方心生好感

采用肯定的说法，获取对方的好感

想要激发对方的干劲，让对方拥有当事人意识，很重要的一点是，如何巧妙地夸赞对方。不管是谁，受到褒奖和肯定，都会感到高兴，而且，还会产生想回馈对方的夸赞的想法。接下来，我举一个巧妙夸赞对方的例子。

A 的上司交代 A 准备一周后举行的重大会议的资料，A 想把会议资料准备得条理清晰、浅显易懂。因此除了上司交代的内容，A 还详细查了很多资料，找了很多图片，尽自己的能力认真准备，以至于没有在最终期限之前完成工作。

由于 A 未能按时完成工作，上司自然严厉批评了 A。而 A 为了能赶上第二天的会议，只能熬夜完成资料的准备工作。会议当天，上司一早就来到了公司，确认 A 准备的会议资料。看完会议资料之后，上司提出了很多修改意见，A 立刻做了修改，总算在会议开始之前完成了工作。

虽然在上司的帮助下，A 完成了会议资料的准备工作，但是 A 还是担心在会议中会被上司批评。出乎意料的是，上司在会议中当着所有人的面表扬了 A，"这些资料是 A 熬夜完成的，A 很努力。"

虽然 A 没有在期限范围内完成工作，但是上司的这句话肯定会让拼命准备会议资料的 A 十分感动。

上司在下属失败的时候，必须提醒下属；但是在下属积极挑战工作的时候，也要提出表扬，提高下属的积极性。

○ 掌握表扬的技巧

表扬的方法有很多种，我们需要抓住重点，掌握有效的表扬技巧。

- **"表扬"和"恭维"的区别**

表扬是为对方考虑，可以让对方拥有自信，促进对方成长。而恭维的目的是想让对方注意到自己，是以自我为中心。切不可将二者混为一谈，要真心表扬对方。

- **掌握时机**

在对方出色完成工作或者立功时，立刻表扬对方。在恰当的时机受到表扬，不仅能够让对方更加高兴，还可以进一步调动对方的积极性。

- **对于平凡的小事也提出表扬**

对于职场人的基本精神面貌，也要提出表扬。比如员工保持良好的仪容仪表，桌面保持整洁，每天精神十足地打招呼等这些基本的精神面貌也要提出表扬。一旦受到表扬，对方对于工作的积极性也会提高。

● 表扬脚踏实地的努力

　　每个公司都有从事后勤工作的人。我们不仅要表扬取得优秀业绩的人，还要表扬在公司运行中发挥不可替代作用的默默努力的人。这样一来，可以让所有员工都感受到公平，从而激发所有员工的工作积极性。

● 将"缺点"用"优点"的方式表现

　　表扬对方没有意识到的优点，会取得良好的效果。而表扬对方感到自卑的缺点，可以让对方更加高兴。比如，将胆怯说成慎重，将急性子说成有执行力，将顽固说成坚定等，通过将对方的缺点看成优点的方式，给对方留下深刻的印象。

　　希望大家能掌握上述几种表扬的技巧，分场合有效地进行使用。

⟳ 要点三：提高对方的满足感

○ 说话方式的六个要点

要想让下属拥有当事人意识，平时经常说一些提高下属满足感的话是极为重要的。下面，我将结合 LEADER 这 6 点进行说明。

L（Listen）——首先，认真倾听下属所说的话；

E（Explain）——简明易懂地说明所下达工作的内容和目的；

A（Assist）——不摆出高姿态，用支持下属的语气与下属沟通；

D（Discuss）——通过认真探讨，调整想法的差异，达成一致；

E（Evaluate）——根据工作的各个阶段，准确地评价下属；

R（Response）——掌握下属的状况，迅速做出反应。

请大家记住以上六个要点，在这些要点的基础上，发表观点。

关于说话方式的六个要点

L	Listen	听
E	Explain	说明
A	Assist	支持
D	Discuss	讨论
E	Evaluate	评价
R	Response	反馈

提高对方的满足感

○ 使用尊重他人的说话方式

当我们对他人的观点和建议感到不满时，会不经意间在表情和言语中表现出来。比如，我们给下属下达任务时，下属露出不情愿的表情，这时如果问下属"为何一脸不情愿的样子"，下属就会不敢表达自己的想法。因为这种话语中带有很强的攻击性。

这时，可以采用"不知道这种方法能否行得通"的说法，表现出自己担心会出错，这样也许下属会勇于表达自己的观点。在反对下属的观点时也一样，要使用尊重他人的说话方式。

在意见不同时，自然地使用尊重对方的说话方式，可以使交流变得顺畅，避免不必要的冲突，同时还能提高对方的满足感。

○ 使用"结尾肯定的表达"，愉快地结束对话

在工作中，我们肯定会遇到必须提出批判或者表示反对的情况。在这种时候，我们可以使用"结尾肯定的表达"。"结尾肯定的表达"指的是在对话的开始

提出了批判,但是在最后表示肯定,这种表达方式能够让对方心情愉悦地结束对话。

比如,上司在批评下属时说:"你开朗的性格,一直能够帮助到周围的人,接下来也请保持乐观,继续努力。"听到这句话,下属会觉得,虽然被批评了,但是上司也看到了自己性格开朗的优点。于是下属也就不可能再情绪低落了,会积极地投入到工作中。

但是,使用"结尾肯定的表达"有时候不会引起对方的注意。因此,不能在每次对话中都使用这一表达技巧,要根据具体情况恰当使用。

本章要点总结

如何构建唤起对方自主
行动意识的场景？

☑ 把握天时地利人和，唤起对方的自主意识。

☑ 使用"万能语句"，能够给对方留下好印象。

☑ 谨记"因材施教"的表达方式，让对方自主采取行动。

☑ 通过"动机性提问"，能够产生激发对方自主性的作用。

☑ 通过巧妙地肯定对方，提高周围的人的积极性。

☑ 表扬是为对方考虑，可以让对方拥有自信，促进对方
成长。

☑ 掌握各种表扬技巧，有效地区分使用。

☑ 为了让下属拥有当事人意识，提高满足感，谨记 LEADER
要点，使用合适的说话方式。

☑ 使用尊重他人的说话方式，可以使交流变得顺畅。

☑ 结尾肯定表达方式，能够让对方心情愉悦地结束对话。

第四章

调动对方
参与性的
三个要点

如何营造让对方听你说话的环境

让我们共同学习，在面对不同性格特征的听者时，

说服对方的方法吧！

↻ 营造让对方倾听的环境

○ 听者的决定权

让对方成为听者的重要前提，是营造让对方倾听的环境。一言不发是不可能说服对方的，只有让对方清晰地听到你的话，才能让对方进入听者的情境之中。

让对方倾听，很重要的一点就是要站在对方的立场上展开对话。

管理人员 A 每次与下属说话时，都会习惯性地先问一句："现在有空吗?"

这句话看似是在考虑下属是否方便。而实际上，A 在问了下属是否方便之后，会立马不顾下属的感受，接连不断地布置任务："现在有空吗，关于……的工作，计划有所改变，重新修改下进展情况；另外，关于……的汇报，今天下午之前必须提交；关于……这个工作，暂时由我来跟进，辛苦了。"或者是直接让下属汇报工作之类的。

由于 A 完全不考虑下属感受，自顾自地布置工作，因此下属们经常十分烦恼。有时甚至因为没听清具体的工作安排，而影响工作的进展。

无论多么简单的内容，多么易懂的说明，要想推动对话的顺利进展，就必须先让对方进入听者的情境之中，这个是沟通的大前提，我们称之为"听者的决定权"。管理人员 A 就忽视了听者的决定权这个重要前提，自以为是地自顾自说。

对话是在听者与说者双方交替说话，说者和听者的身份不断转换的情况下进行的。

只有双方都将对方视为听者，都在为听者考虑的前提下进行对话，才能营造让对方倾听的环境。

○ 运用"三明治对话法"，自然而然地让对方倾听

我们将以寒暄语开头以寒暄语结尾的对话方式称为"三明治对话法"。即使无法将所说内容很好地进行总结，但是通过"三明治对话法"也能够给人很舒服的感觉，这也是一种心理上的效果。

以下我举个例子进行说明。

"您好（寒暄），我是樱井弘（姓名）。关于……（说话的内容）。我是樱井弘（姓名），谢谢（寒暄）。"

以上对话整体呈现了三明治的形式：寒暄语是三明治外面的面包，姓名是三明治里面的青菜，内容是三明治的配菜。若是熟人之间的对话，可将三明治的"青菜"即名字省去。

"三明治对话法"不仅可以帮助你营造让对方倾听的环境，同时也发挥着自我介绍的功能，大家可以多多在对话中使用。除此之外，在否定表达中掺入肯定表达的表述方式也十分有效。

能够清晰传达意思的"三明治对话法"

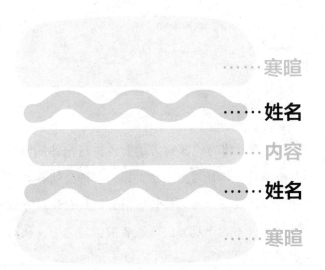

寒暄

姓名

内容

姓名

寒暄

通过在重要的内容前后加上寒暄语及姓名的方式，可以使整体对话体现总结性，更易传达。

⟳ 要点一：将要连接的人变成接受者

○ 进行能让对方理解的说明

接下来我将对说服对方的要点进行阐述。如果只是被动地一味让对方表达，那么事情会朝着对方所想的方向发展，而无法说服对方。只有让对方成为接受者，才能让对方进入听者的情境之中，从而说服对方。

方法十分之简单，比如，在拥挤的电车中，要下车时，只需对站在前面的人说"我要下车"，对方就会挪动。

像这样，首先引起对方的注意，然后直接将自己的想法传达给对方即可。但是，在职场中，除了"请……"的表述之外，还需要进行能让对方理解的说明。

接下来，我将介绍几个较好的说明方法。

- 先下结论，后阐述原因

越忙的人，会越希望先听到结论。因此，我们要在讲话开始就阐述结论，再解释形成这一结论的原因。

- 明确事项要点

如果要说明的事项有几点，那么在对话的开头要明确"关于……我将分三点进行阐述"，这样做能让听者知道接下来讲话的内容。

- 讲明原因及依据

在解释原因时，使用"之所以有这样的结论，是因为……"的表述，明确表示原因及依据之所在。

- 在转换话题时，使用词语或句子来预示话题变化

当要转移到另一个话题时，通过使用"那么接

下来""接下来是关于……的事情"等语句，避免造成混乱。

● **注意连接词的使用**

不使用连接词来串联的话，对话内容会枯涩难懂。而通过适当使用连接词，会使语言内容张弛有度。

○ **判断听者的特征**

在对话中，我们需要注意必须在判断听者特征的基础上进行交流沟通。

我们的身边有各种各样的人，有开朗的人，也有稳重的人，有工作能力强的人，也有重复犯错或遭受批评就会情绪低落的人。

首先，我们需要认真观察对方，确认对方的性格特征，然后针对对方的性格特征展开对话。这样才更有可能让对方进入对话的情境之中。

例如，如何指导重复犯错的下属呢？厉声斥责或许也是一种方式，但是，考虑到之后的相处，这也许不是一种好方式。

虽然不能一概而论，但是重复犯错也可能是因为下属受内心情绪所影响。我们可以通过以下几种询问方式来让下属寻找犯错的原因：

"最近是不是有什么事？"

"重复犯同一个错误是不是有什么原因？"

"你认为犯错的原因是什么呢？"

如若下属能够意识到犯错的原因之所在，那么肯定就能够减少犯错的次数。

另外，对于受到批评会情绪低落的下属，可以采取这样的表述方式："不好意思，我十分想让你得到成长，因此可能过于严厉了。我会多加注意，希望你不要介意，今后好好加油。"

接下来，我将以更加具体的实例为题材，根据性格特征差异，详细说明应该采取的沟通方式。

○ **根据性格特征差异所采取的沟通方式 1：**
　应对较冷淡，对任何事情都被动的人

　　<案例 1 >

　　A 是一个性格较为被动的人，不管对方讲什么都反应冷漠。由于不知道 A 对于传达的工作指令是否能够充分理解，因此 A 的上司十分困惑。那么，怎样才能调动 A 的积极性呢？

　　像 A 这样看起来被动的人，可能是因为他们不善言辞，不擅长沟通。

　　对于这样被动的人，我们需要提问一些易于回答的"限定性问题"，这样更容易调动对方的积极性。

　　限定性问题指的是有选择项的问题。听者可以从选择项中选取答案。比如"关于……你知道不知道？"或者"这是数字电子还是模拟电子？"由于这类问题答案是限定的，因此比较容易回答。

　　与此相对的是"非限定性问题"。比如，"假期有何打算？"这类问题是对方可以自由回答的问题。

掌握两种提问方式的不同之处

非限定性问题

对方可以自由回答的问题

- 对方是善于言辞的人
- 讨论氛围活跃的情况下
- 想要知道整体的理解程度的情况下
- 想要了解对方的兴趣、关心的事物等情况下

有什么问题吗？
交货期没有问题吧？
要喝点什么呢？

+

限定性问题

对方可以从选项中选取答案的问题

- 对方是不善言辞的人
- 沟通不顺畅的情况下
- 有需要强调的重点的情况下

关于以上四点有不理解的地方吗？
现在进展到哪个阶段了？
饮品就啤酒可以吗？

在对话中巧妙结合以上两种提问方式，
可以使沟通更加深入。

○ **根据性格特征差异所采取的沟通方式 2：**
　　一味地认为自己的想法是正确的人

<案例 2 >

　　B 是一个较为固执的人，一味地认为自己的想法是正确的，不轻易接受批评及否定。那么，如何能够说服 B 呢？

　　像 B 这种类型的人，一旦受到强烈的否定，会使他们的态度更加强硬。

　　在与 B 这种类型的人沟通时，不要直接否定对方的观点，而要以这个观点为前提，换个角度思考问题。这时，我们常用的表达法有"YES BUT 表达法"和"YES AND 表达法"。

　　"YES BUT 表达法"是先赞同对方提出的观点，在此基础上再提出"但是，是否也可以这样思考"来表达自己的观点。这个方法在开始就肯定对方的观点，可以使对方更容易接受你提出的观点。

　　同样，"YES AND 表达法"也是先肯定对方的观点，再提出"是的，因此在此基础上我认为……"。像这样，首先肯定及赞同对方所提出的观点，再强调自己的观点是在此基础上附加的。这样能让对方更容易接受你的观点。

YES BUT表达法

与自己的
观点不同

观点

对方　　　　　　**自己**

YES BUT表达法　　　　　　**直接否定**

是的，谢谢
您的观点

不是这样的，你
的观点是错误的

首先肯定对方的
观点（YES）

我们是否也可以
这么想……

提出疑问（BUT）

双方都能表达自己的观点，双方也
能采纳对方的意见

○ 根据性格特征差异所采取的沟通方式 3：
没有归属感，只顾个人想法的人

<案例 3 >

C 是没有归属感的人，虽然个人能力很强，但是个人主义太过浓厚。

像 C 这样的人，自尊心很强。因此，如果我们用平常的方式对待他们的话，很可能会遭到排斥。

在职场上，能力分为很多种，不能一概而论地说谁能力强。

但是，很多人在取得了成果之后，或者在得到上司较高的评价之后，会产生自己在所有领域都很有能力的错觉。

如果要向 C 这类人表达委托或者指示的话，请使用可以激发起他们自尊心的沟通方式。

不管是谁都会有自尊心，只是强弱的问题。自尊心被激发出来是值得开心的事。

特别是像 C 这样自尊心极强的人，如果你委托 C 做事情的时候，采取的是以下这样的表达方式："因为你是独一无二的……""因为你经验丰富，因此想要麻烦你"，他们会十分开心。那么，不管你委托的是什么样的事情，他们可能都会痛快地答应。

不要对像 C 这样的人说"请先完成……这项工作"，或者是"为什么这种事都做不好"这样的话，采取强迫的态度是行不通的。

一旦我们采取强势的态度，有可能会遭到排斥，也可能会影响后续沟通的顺畅进行。

为了维持组织内良好的人际关系，同时充分激发 C 的业务能力，推动工作的顺利进展，我们需要注意与 C 这类人的沟通方式，避免遭到不必要的排斥。

⟳ 要点二：掌握能让对方选择的提议能力

○ 主张法、探询法和提议法

说服对方的方式大致可以分为以下三种：主张法、探询法、提议法。

主张法是讨论与交涉，在逻辑性思考的基础上，通过符合逻辑性的发言来表达观点，试图说服对方。

探询法是提前沟通，以人际关系为核心来说服对方。

提议法是介绍及售卖推销型沟通。

也许在很多人的印象中，推销是单方面的，这里所说的"推销"与传统意义上的推销有些许不同。此处"推销"是指通过践行"让对方发言"的沟通技巧，认真倾听对方的心声，理解对方的想法，在此基础上设置选项，让对方选择，以达成说服的目的。

说服对方的方式

主张法

通过理论性的发言来说服对方

探讨、交涉……

探询法

以人际关系为核心说服对方

事先沟通……

提议法

设置选项让对方选择

介绍、推销……

○ 通过"三个选项"引导对方

当我们选择提议法时，可以通过设置选项，让对方做出选择的方式来说服对方。此时需要注意几个设置选项的技巧。

比如，当我们询问下属"想自己一个人负责完成项目，还是在前辈 A 的指导下完成项目"时，很多人为了减轻负担会选择后者，这是可以理解的。

但是，当我们只提供两个选项时，有可能会招致下属的反感："我必须从这两个选项中做出选择吗?"

为了避免招致下属的反感和反抗，让下属愉快地做出选择，我认为设置三个选项的方式比设置两个选择更为妥当。

设置三个选项等于暗示对方"我为你考虑了三个选择""你可以从三个选择中自由选择"，因此不会给对方以强迫的感觉。

○ 加入弃子选项，限定选项范围

在复杂的谈判过程中，可以采用"在三个选项中加入容易被排除的选项"的谈判技巧。

过于明显会被排除的选项是没有效果的。但是如果这个会被派出的选项"伪装"得很好，对方就很容易"上钩"。

另外，这个容易被排除的选项必须是一个既满足对方期待又难以实现的选项。我们需要让对方知道，我们是考虑到对方的意愿而设置的这个选项，不要让对方有被强迫的感觉。

这个方法可以让对方产生"舍弃自己的幼稚想法"的心理反应，从而舍弃这个选项。

排除一个选项之后，对方心理会产生"自己做了取舍"的满足感。另外，舍弃一个选项之后，回复对方的意愿就会越来越强。这样一来对方基本上就不会转移到剩余两个选项之外的选择上。

⟳ 要点三：认可对方的价值，肯定对方

○ 让对方主动采取行动

　　无论是谁，都希望得到他人的认可。一旦得到他人的认同，便会拥有动力；而一旦遭受否定，就会产生抵触心理，想要反抗。

　　伊索寓言中有一则有名的寓言故事——《北风和太阳》。某天，北风和太阳进行了一场比赛。比赛内容是谁能先让行人脱下外套。北风试图刮掉行人的外套，但是冷风一刮起，路上的行人就紧紧裹住了自己的衣服；而太阳则把温和的阳光洒向行人，人们在行走的过程中感到炎热，便自行脱掉了衣服。

　　我们也和故事中的行人一样，一旦遭受否定，便会加强防守。为了不让对方有防守的心理且能积

极主动地采取行动，我们就要根据对方所处的情况选择最佳的沟通方式。

而最重要的就是"认可对方，给予肯定"。

例如，下属在工作中失败了，你可以说："一两次的失败不算什么，吸取失败的教训，下次挽回就可以了。"这种说法不仅认同了下属存在的价值，还将原因归结为失败和过失本身，而非下属，同时还传递了"只要不屡次失败就好"的这一信息。

另外，"信任"也很重要。我一直都会通过邮件的方式对新人说"我很期待你的表现"。

有人说，让下属失去动力最重要的原因是上司的不关注。不仅不关注，在下属犯错时，还只考虑自身的处境，认为下属犯错给自身造成了困扰。在这样的上司手下做事，下属会越来越没有动力。

经常在下属面前表现出对于下属的信任和期待，能够激发下属的干劲，从而营造让下属积极参与工作的氛围。

○ 激发自尊心，助一臂之力

对于对方麻烦自己的事情，不期待对方的回报，助对方一臂之力，可以获得为他人做事的满足感。这种满足感我们将之称为"自尊心"。

不管是谁都有自尊心，如果想要调动对方的积极性，就要保护对方的自尊心，同时还要尽量使用肯定的话语。

此外，保护对方的自尊心还有利于建立良好的人际关系。我们可以通过五种说话方式来激发对方的自尊心：

"无法企及"

"我自己都没有注意到"

"我输了，心服口服"

"你尽力了"

"你很上心了"

激发自尊心的语句

无法企及	不仅能够激发对方的自尊心，也能够让对方看到你的心胸
我自己都没注意到	可以让对方因为帮助你而感到喜悦
我输了，心服口服	"心服口服"的说法可以激发对方的自尊心
你尽力了	可以与亲密伙伴进一步加深感情
你很上心了	承认对方对在意的事情已经尽力了，可以激发对方的自尊心

本章要点总结

如何营造让对方倾听的环境?

☑ 只有双方互为听者,才能营造让对方倾听的环境。

☑ 只有让对方成为听者,才能调动对方的积极性。

☑ 我们要在判断听者特征的基础上进行合适的交流沟通。

☑ 对于反应较冷淡,对任何事情都被动的人,可以通过限定性的提问,让对方进入对话的情境中。

☑ 对于一味地认为自己的想法是正确的人,可以采用"YES BUT 表达法"和"YES AND 表达法"。

☑ 对于缺乏归属感、只在意个人想法的人,需要在维护对方自尊心的基础上开展对话。

☑ 说服对方的方式,大致可以分为主张法、探询法和提议法。

☑ 通过提议法说服对方时,可以通过设置"三个选项",或者加入"弃子容易被排除的选项"方式,让对方可以做出选择。

☑ 认可对方的价值,给予对方肯定。

☑ 牢记激发对方自尊心的 5 种表达法。

第五章

给身边的人
灌输责任感的
三个要点

如何营造可以调动对方参与积极性的氛围？

运用一些技巧，就能将周围的人连接起来，让对方自发地采取行动。

↻ 营造能够调动对方参与性的氛围

○ 让对方看到益处

前几章已经针对如何拉近与周围的人之间的距离（第一章）、引起周围的人的共鸣（第二章）、让大家对目标有当事人意识（第三章）、调动对方参与性的要点（第四章）这四个方面进行了讲解，本章将针对把周围的人连接起来并让他们积极参与的技巧进行说明。

"让周围的人参与"与"让周围的人做"的意义不同，"参与"是对方自发、积极地采取行动。关于自发性，在本书第三章已经做了说明，因此，本章将围绕积极性做详细说明。

大家在什么情况下，会想积极参与到工作中呢？

　　例如，上级交代了一项重要的任务，由你和关系好的同事组建团队共同完成，在项目取得成功之后能够获取丰厚的奖金。在工作中，能够调动工作积极性的项目有很多。这些项目都有一个共同点，那就是取得成功后"有利可图"。因此，只要能让对方感受到益处，就可以调动对方参与的积极性。

　　但是，只告诉对方能够获取益处，以此来调动对方积极性是没有意义的，我们需要斟酌用什么样的表述方式可以让对方感受到益处。同时还要将这件事给你带来的好处也告诉对方，也就是说要让对方明确，这是"双赢关系"。这一点十分重要。

　　比如，对于有上进心的下属，我们可以告诉他"虽然是很难的工作，但是只要做好了，肯定能获得公司内部的高度评价"，让下属感受到升职的可能性。

　　另外，对于期待得到别人认可的下属，可以采用"这件事只有你才能完成"的表述方式。这种基于对下属能力的信任去安排工作，会让下属意识到"双赢关系"，从而调动起下属的积极性。

如果能调动起对方参与工作的积极性，那么对方就会自主地学习、行动，其工作能力也会得到很大的提升。

○ 让下属 "出力"

如今，日本开始分阶段实施"工作方式改革"，员工被要求在有限的工作时间内，完成与以往相同的工作量。因此上司就必须严格带领下属顺利开展工作，并调动下属更多的积极性。

调动下属工作的积极性，除了能将下属连接起来，让他们积极主动地工作之外，还有很多好处。除了积极性，作为上司还可以激发出很多"力量"。例如，员工管理更加良好，工作效率进一步提升。

● 自发性

人一旦被迫接受某项工作，就会产生反感。如果能调动下属的自发性，即使你保持沉默，下属也能主动地推进工作。

- 可能性

年轻人身上有无限的潜力。上司应该发挥自己经验丰富的作用，努力发掘下属在工作中的更多可能性。

- 干劲

当今的年轻人，比起金钱，更追求工作的价值感和成就感。作为上司，想要协助下属实现工作价值感和成就感，其中很重要的一点就是要激发下属的干劲。

- 能力

这里所讲的能力是"达成目标的能力"。想要激发出下属的这种能力，就要与下属明确沟通，在达成一致的基础上设定具体目标，充分发挥下属的独特优势。

- 责任感

向下属灌输"工作就是团队协作"的观点，使下属具备作为职场人的自觉性和责任感。

↻ 在对话中附和互动

○ 通过附和表达推动对话进展，将对方连接起来

在我们说话时，如果对方能很恰当地对我们所说的话进行附和，我们就会感到非常开心。

附和的作用是将双方的对话连接起来，同时让说者能更放心、更放松地表达自己。

这就是说，我们并不是冷漠地听，而是要一边有规律地附和一边认真倾听对方。不断的附和能够快速提升对话效果。

恰当的附和还可以促进双方的深入交流，从而能够将对方连接起来。此外，恰当的附和对日常交流也有很多好处。

附和，根据表达形式不同会有不同的作用。以下是五种表达附和常用的方式，我将其归纳为五个字："同（同意）、共（共情）、促（促进）、整（整理、摘要）、转（转换）"。在下文中我将分别进行说明。

○ "同意"的附和表达

A："今天真热啊。"

B："是啊，而且空气湿度也很高。"

像上述对话中这样，一旦自己的发言得到肯定，人就会更加有自信，从而更轻松地表达自己的观点。我在接受采访的时候，遇到过很专业的记者，会在我讲到重要的内容时，进行附和。

即使是专家，在发言时也会担心自己是否准确传达了观点。

同意的附和表达，可以消除发言者内心的不安。

表达示例：

"是啊"

"深有同感"

"的确如此"

○ **"共情"的附和表达**

A："昨天听到母亲住院的消息就想马上赶到医院。晚上的时候，母亲打来电话说两三天就可以出院了，瞬间松了一口气。"

B："是吗？当时肯定很担心吧？"

人们在谈话中往往会谈及自己经历的辛酸事。对于听者来说，虽然不是开心的事情，但是也需要认真倾听，通过附和来表达自己的共情。

通过附和的表达，一定会让对方在与你交谈之后感到满足。

表达示例：

"那真的是很辛苦啊"

"真的很令人担心"

"您真的是辛苦了"

○ **"促进对话"的附和表达**

A："黄金周您去国外旅游了吧。"

B："是啊，但是全程都在为家人服务，累得精疲力尽。C黄金周去哪里了吗？"

C："我……"

在日常的多人对话中，我们经常会遇到某个人完全没有加入对话，全程保持沉默的情况。在这种时候，最为有效的方式就是采用能够鼓动对方进一步发言的"促进对话"附和表达。

"促进对话"的附和表达，不仅能够促进与性格内向和沉默寡言的人之间对话的顺利进行，还能够有效推动与讲话冗长的人之间对话的顺利进行。通过推动对话的进行，可以发掘新的话题和观点。

表达示例：

"然后呢？"

"之后怎么样了呢？"

○ **"整理内容，提取摘要"的附和表达**

A："想要和对方连接起来，深入的交流必不可少。而恰当的附和和回应有助于双方的深入交流。"

B："也就是说，恰当的附和，更容易和对方连接起来。"

A："正是如此。"

正如上述对话，通过提取对方发言的内容摘要，传达自己已充分理解了对方的发言，这就是"整理内容、提取摘要"的附和表达。

一般来说，说者是希望知道对方是否已理解自己的发言。听者采用"整理内容、提取摘要"的附和表达，能让听者放心，进入更进一步的对话内容。

表达示例：

"也就是说……"

"您说的是……的意思吧"

"简而言之，就是……吧"

○ "转换话题"的附和表达

A："虽然我做了很多调整，但每次都得到相同的结论。"

B："这件事确实不简单啊。对了，那件事怎么样了？"

A："那件事……"

当谈话内容一直重复，导致对话无法顺利进展时，不能使用"因此""先前已提到"等词，因为这类词会让对方感到自己受到了责备。

在这种情况下，可以使用"转换话题"的附和表达，改变对话的内容和方向。但是，屡次使用"转换话题"的附和表达，会让对方感到不快，因此，使用时需要注意。

表达示例：

"另外……"

"我突然想到……"

↻ 要点一：把事情的价值和结果具体化、可视化

○ 通过将事情具体化的方式，将周围的人连接起来

想要将周围的人连接起来，让周围的人积极主动地行动起来，需要掌握几个要点。在下文中我将对此进行详细说明。

如果想要将周围的人连接起来，但是你所讲的内容却较为抽象，那么大家肯定无法明白，更不可能为你做事。

比如，和下属说"要有问题意识""要耐心坚持"这种话，下属肯定是听不进去的，也无法成为促使下属采取行动的动力。

我们在接到对方的指示，或者接到对方的劝诫

时，肯定会考虑"为什么要这么做""这么做会带来什么样的变化"以及"会有什么样的效果"。也就是说，大家都想知道结果。

想要将周围的人连接起来，就要像商业设施和住宅的"构想图"那样，呈现工程的结果。也就是说，要让对方清楚知道，按照指示采取行动，会有什么样的结果。

若要给下属下达营业指标，只说"加油"是没有效果的；而是要对下属说："你这个月的指标是×××日元，截至今天已过去半个月了，完成率还不到三分之一。若想在剩下的时间内完成目标，平均每日必要完成×××日元的业绩。你认为，要想每日完成×××日元的指标，需要采取什么样的措施？"

像上述这样，具体指出现在所面临的问题，让下属独立思考，可以让下属对于事件有具体的概念。这样做不仅可以让下属采取行动，还可以让下属制订完成的计划。

因此，我们可以通过将事情具体化的方式，来调动周围的人的积极性，将他们连接起来。

○ 改变出发点，说明益处

想要将周围的人连接起来，改变观点的方式十分有效。下面我将通过一个事例进行说明。

A课长安排下属B完成某项复杂的工作，听了A课长的话后，下属B提出了疑虑："课长，这项工作与我的职责范围相差甚远，为何安排我来做呢？"A课长回复说："你注意到了这个细节啊，也正是因为你注意到了，所以我才安排给你做。"下属B接着说道："但是，我还是不知道安排我来做的原因。"A课长说："可能你觉得对于自身没有什么益处，但是对于全公司来说，可是大有益处。具体益处如下……"

在上述对话中，A课长通过向B下属传达"这是有利于公司的工作"这一信息，让下属具体了解这项工作的益处。因此，B下属在理解了上司的想法后欣然接受了这项工作。

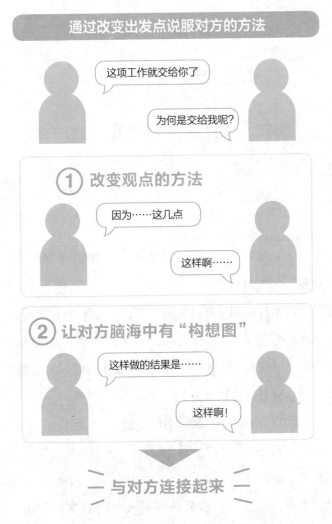

↻ 要点二：传达事情的重要性，让对方保持紧迫感

○ 紧迫感可以催生行动力

一旦最终期限逼近，人们就会产生"必须加快速度"的紧迫感。

我们应该都有过这样的经历，在租赁 DVD 之后，不小心忘记了，等到反应过来，归还期限已近，就会抓紧看完后归还；或者在准备睡觉的时候突然想起来，就赶紧还回去。

租赁的 DVD 未按时归还就会产生数百日元的违约金。试想一下违约金是 10 万日元，结果会怎样呢？显然，我们就会拼命看完并在截止日期前归还。

像上述这样，如果是有期限规定的重要事情，

人就会产生紧迫感。这样的紧迫感会调动出人的行动力。

因此，想要将周围的人连接起来，紧迫感也发挥着重要的作用。

在某个项目中，和下属说："这项工作关系着公司的兴衰存亡，在本月的×××日之前，请帮我完成这项工作。如果无法遵守约定期限，这个项目可能就失败了。全都拜托给你了。"这样的说法，可以让下属更容易接受。相比在没有进行任何解释的情况下就让下属做某项工作，这种明确表述的效果更好。

通过向下属阐述事情的重要性，可以让下属拼命工作，努力遵守最终期限。

被交代的事情越重要，下属的紧迫感会越高，也会更加认真、快速地推进工作的进展。

当我们能够利用好人的这种惯性，也就更容易与对方连接起来。

通过利用紧迫感来与对方连接，需要具体地说明工作的内容和背景，以及未遵守期限的后果。

对方如若能够明确事情的重要性，肯定能够积极地推进工作。

○ 改变方针之时，通过阐述理由，重新将大家连接起来

在公司中，经常会有方针和任务发生变化的情况。

大家花了很长时间进行沟通，也做了充足的准备，在项目终于要步入正轨时，上司突然将一切推翻，宣布改变方针。

相信不少人都有过这种经历吧。

经营公司的业务，重要的是时时依据形势做出判断。有时候形势发生巨变，可能也就是一天的时间。

大多数的公司都是自上而下的管理体制，公司高层的判断可以完全改变公司的经营方针。

即便是突然的方针转变，也是在向好的方向转变。因为公司高层对于商业形势的把握更为准确，而遵循高层的判断往往也都有良好的发展。

但是，如果是站在统筹事项的立场上，改变公司的方针就需要考虑如何消除下属的不满，如何进一步调动下属的积极性。

在这种情况下，公司领导可以对下属说："公司高层最近有一个新的想法，想听听各位怎么想。我们可以一起重新探讨一下新的想法。"或者说："社长向我们提出了更高的要求，根据社长的意见，我们再重新探讨下。"

通过这样呼吁的方式来说明改变方针的理由，目的就是为了能和下属达成一致意见。

事实上，下属会感到不满，往往不是因为改变方针本身，而是因为无法理解改变方针的理由。

通过细致的说明，让下属认识到"确实如此"，下属也就能够理解改变方针的理由，不满情绪也就自然消散了。

如果突然改变方针，那么工作的日程安排也必定会变得紧张。因此，我们在明确说明缘由，取得下属的认同后，还要明确具体的期限，让下属产生紧迫感，从而再次连接起来。

⟳ 要点三：认识、理解并尊重对方的风格

○ 站在对方的立场思考

在本书第一章中讲到，理解并尊重对方是实现交流的前提。在与对方连接时，也需谨记这一点。

"认识"的"认"，就是要看到并记住。如果能够理解对方所处的状况、知识水平、理解程度和经历等情况，就可以理解并接纳对方。如果对方攻击我们，我们也要尊重对方，努力向对方传达互相尊重的重要性。从"认识"到"理解"，再到"尊重"，这三个步骤缺一不可，缺失任何一个步骤，交流都无法顺利进行。

在某次进修课程中，经验丰富的讲师如往常一般开始授课。坐在最前面的 A 一直低着头，不看讲

师。在接下来的实习中，A 还是一样不抬头看讲师。于是，一天在休息时间讲师对 A 说："你上课期间一直低着头，是不是身体不舒服？"

A 听了老师的询问后，回答道："老师请不要在意，我自己都不在意。"听罢，讲师感到很疑惑，自己是因为担心才询问，但是 A 却回答不用在意。

只要有对方在，很多事情即便自己不在意，对方也会在意。

对于 A 来说，一直低着头肯定是有原因的，但是 A 没有告诉周围的人。至于 A 是有意识地保持沉默，还是不想告诉周围的人低着头的缘由，这个我们也不清楚。

我们在日常沟通交流的时候肯定是存在另一方的。我们对待对方也应该像对待自己一样细心。我们要认真地认识、理解对方，同时尊重对方。

这样一来，沟通才能顺利进行，才能够将周围的人连接起来。但我们要切记不可用力过猛，也不可马虎应付。

○ 消极的措辞不利于和对方建立连接

在与对方建立连接时，如果注意表达就会很容易做到，稍有不慎说一句消极性措辞就会前功尽弃。消极措辞有五类：否定措辞；表示无视和漠不关心的措辞；严厉的措辞；坏话和传言；令人反感的口头禅。

在这些措辞中，"令人反感的口头禅"会在不知不觉中给人留下不好的印象，因此需要特别注意。

比如，A课长在对下属发表自己的意见之时，总会先说一声"那个……"。虽然对于下属来说，这句话本身并非不好的事情，但是一旦听到"那个……"，总会有被上司盯住的感觉。因此我们需要注意不要使用这类口头禅。

但是，过度注意避免使用口头禅，有时候反而适得其反。因此，我们需要注意多使用积极的说法。

避免使用消极措辞

1. 否定措辞

"完全不行""不可以""办不到""不愿意"

2. 表示无视和漠不关心的措辞

"没什么""可是""所以""没有关系"

3. 严厉的措辞

"那个人很傻""无论如何都没有办法"以及自我否定的措辞

4. 坏话和传言

在背后谈论别人，绝对不是好事

5. 令人反感的口头禅

"不好意思""总而言之""所以""但是""因为"

↻ 调动团队参与积极性的方法

○ 颇有成效的经验之谈

我们需要注意，将整个团队连接起来和将个人连接起来是不同的。在一对一的情况下，我们只需考虑如何将信息直接传递给对方，但是在一对多的情况下，我们还必须考虑周围的人是如何理解我们所表达的内容的。交流中的遣词造句，并非取决于信息的传达者，而是取决于信息的接收者。

在面对众多听众的情况下，首先我们需要了解这些听众的特征，包括职业、经历、理解能力。我们需要通过收集这些听众的基本信息，来决定我们应该采取何种措辞来与这些听众交流。

另外，正如"没有什么可以胜过经验"所说的那样，想要将周围的人连接起来，分享自己的经验是十分有效的方法。但是，对多名听众分享经验也可能会有漏洞。

有时候，我们会把心之所想原封不动地表达出来，说出"×××行业的人很没有常识……"这类的话。

如果当时正好有从事这个行业的人在场，上述表达可能会招致反驳，那么沟通就会朝着完全相反的方向进行。

当面对多名听众分享经验时，我们需要注意在对话中采用避免引起误会的说法。例如，"这是针对我偶然认识的一个人，如果今天在场的有这个行业的人，请谅解，并非针对你们。"

以上说法在开团队会议时，也同样适用。

比如，在提出某个想法时，也许负责运营的 A 会感到很开心，而负责创作的 B 会不愿意接受。要想让双方都感到满意是很难的。我们可以通过关怀的表达来减少 B 的不快。

在面对多数人的时候，我们需要更加用心，在讲话之前先思考"这些听者会如何理解我们的话"，然后再发言。

○ 在团队会议上的说话技巧

对于会议主持人来说，在对众多听者提问或者发表意见之时，需要掌握一定的会议推进技巧。这其中就需要一种重要的能力——建导。

建导（Facilitation）是指通过创造他人积极参与、形成活跃氛围，从而达到预期成果的过程。这种方法可以促进团体问题的解决、激发想象力，还可以用于人员教育等方面。总之，它可以促进一切活动的进展。

在担任会议主持者时，首先需要明确，会议的目的是信息交流、方案调整还是方案确认。目的不同，如何召集参与者和如何展开探讨的方法也相应不同。明确目的之后，再思考如何营造易于交流的氛围，通过吸收不同的意见，寻找问题的着陆点。

但是，也会出现与会者不发表意见的情况。那么接下来，我将对活跃会议气氛的三个要点进行说明。

○ 1. 通过举手的方式进行表决

与会者不发表意见的原因有很多，有不擅长表达的，有对自己的想法缺乏信心的，还有因人际关系不融洽而倍感压力的，等等。

在上述这种情况下，我们可以采用让与会者举手表决的方式来协助他们表达。

在采用举手表决的方式时，我们需要认真思考契合会议主题的选项，比如"赞成或反对""A 方案还是 B 方案"。

比如，在决策性的会议中，我们可以通过以下发言来进行决策："接下来，我们将通过赞同、反对和保留意见三种选项来进行决策。请大家务必举手进行表决！首先，选择赞同的请举手。"

通过这样的方式可以协助与会者参与表决。在举手后，我们还可以询问缘由，让与会者阐述自己的想法。

○ 2. 通过提问核心人物的方式

在会议中，如果有积极阐述意见的核心人物，可以通过点名的方式，让他们发表意见。

让核心人物阐述意见，可以激发与会者讨论的积极性。

我们可以这样向核心人物提问："关于这件事，您的意见如何？"

像这样，通过开放式的提问方式，引导对方多多发言。

此外，将提问核心人物的方式与举手表决的方式并用，这也不失为一个好方法。例如，先表决出意见，而后再询问各个意见的核心人物的想法。

另外，如果可以的话，也可以采用会议主持者先发表看法，而后进行投票表决，接着再让各个意见的核心人物发表意见的方式。这样的流程可以让会议的探讨更为活跃。

○ 3. 发表反对意见，活跃讨论气氛

在会议中，经常还会出现这样的情况——在有影响力的与会者发表意见之后，或在出现了听起来很合理的看法之后，所有与会者皆赞同这个意见，不再探讨其他的选项。

我们将这种情况称为"团体极端化"或者"停止思考状态"。

人一旦进入一个团体状态，就很难做出冷静的判断，比起阐述个人意见，更容易走向一个极端。

如果照此发展下去就无法对问题进行充分的探讨。在这种情况下，会议主持者可以给出这样的建议："现在似乎所有人都赞同这个方案，我们可以尝试变换角度，从这个出发点展开探讨。"或者提出反对意见："×××的方案存在×××问题，因此我反对。"

如上所述，我们可以通过给出变换角度的建议或者提出反对意见的方式，力求让与会者冷静思考。当与会者能够冷静思考，讨论就会越发活跃。

本章要点总结

如何调动周围的人的积极性？

☑ 要想将周围的人连接起来，最重要的是让对方自发地、积极地采取行动。

☑ 激发下属的能力，让其在下次工作中抱有责任感。

☑ 附和表达可以让说者更放心、更放松地表达自己。

☑ 我们可以通过"同（同意）、共（共情）、促（促进）、整（整理、摘要）、转（转换）"这 5 个词进行说明。

☑ 要想将周围的人连接起来，就要表达清晰明确，让下属对于任务有具体的概念。

☑ 要想将对方连接起来，改变出发点的方法也十分有效。

☑ 让对方产生行动的紧迫感，在连接时也很重要。

☑ 想将对方连接起来，还要注意不要过于奉承，要认识、理解并尊重对方。

☑ 需要注意避免使用 5 类"消极措辞"。

☑ 要将整个团队连接起来，需要我们花费更多心力。

☑ 通过阐述反对意见等方式，避免"团体极端化"，力求让与会者冷静思考。

第六章

让目标持续运转起来的三个要点

将周围的人连接起来，最重要的事是什么？

不断提高沟通交流能力，不仅能够促进自身的成长，还能促进周围的人的成长。

⟳ 连接，可以促进周围的人的成长

○ "螺旋式"的成长

将周围的人连接起来，还可以促进周围的人的成长。周围的人获得了成长后，你依然用老方法去调动和影响周围的人，就不会产生更多的影响力。因此，为了让周围的人持续处于"连接"中，我们自身也要不断成长。说话方式、倾听方式和寒暄方式等这些沟通技巧需要不断提升。

因此，我们要有意识地提高自身的实力和应对能力，不断拓宽认知视野，在将周围的人连接起来的同时，促进自身实现更高的螺旋式成长。一边实现自身成长，一边将周围的人连接起来，周围的人也能够不断成长。我们要不断努力提高自身的实力和应对能力，拓宽认知视野，促进组织和团队的成长。

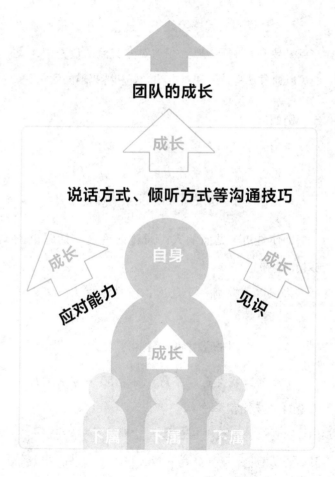

○ 锻炼洞察能力，读懂对方的心

要想让周围的人持续处于"连接"中，很重要的一点是要有"洞察力"。在与对方交流的过程中，我们可以通过观察，发现对方的爱好和感兴趣的话题。

例如：

谈论关于房间布置的话题

谈论关于所掌握的能力的话题

谈论从这个人的表情和举止中能够想象到的话题

即使是初次见面的人，通过谈论这类话题也能够相谈甚欢。

将观察力提高一个层次，就是洞察力。作为洞察力，就是能够推测对方的基本情况和心情。

举以下事例来说明何为洞察力。

有一次，我去药店买药，一名50岁左右的店员戴着口罩接待客人。

这时，排在我前面的客人说道："药店的工作人员也会感冒啊。"听到这句话，店员低着头，带着情绪低声回答道："药店的工作人员也是人啊，也是会感冒的。而且药店每天都有很多感冒的顾客来买药，我们店员更容易被传染。"

听了店员的话，我说："药店的工作人员也很不容易啊。"也许是感受到了我能够理解他的心情，店员说道："我常年在药店工作，这还是第一次感冒。药店的工作人员感冒还真的是说不过去，可能是因为十多年都没有感冒了，这次特别严重。"

像上述例子中，能够读懂对方心情的能力就是洞察力。想要锻炼洞察能力，必须通过不断地积累。因此在与人交流的时候，有意识地注意对方的背景情况，才能不断提升自己的洞察力。

○ 倾听自己所说的话

经常实践说话方式、倾听方式等这些建立人际关系的基本本领，有助于持续地影响周围的人，让周围的人持续处于你的"连接"中。那么，我们做到经常实践了吗？客观地来说，是否真正地实践，难以判断。

因为，在交流中我们无法看到自己的面部表情。

那么，如何能够客观地看待自己在对话中的表现呢？其方法之一，便是在讲话的同时，自己确认自己的话语。也就是，在成为说者的同时，也让自己成为听者，"在说话的同时倾听，在倾听的同时说话"，这是沟通的基本原则，也是需要通过自己的耳朵来完成的行为。

例如，在自我介绍时，无意识地说了句："你好，我是樱井弘"。这句话的声音虽然能够传到说者自己的耳朵里，但是说者并不会认真地倾听这句话。

因此，就算紧张的时候稍微说快了，自己也意识不到。

若是能够认真倾听自己所说的话，那么就算由于紧张而说快了，也能够及时意识到，并加以改正。"你好，我是樱井弘。（意识到自己说得太快后）不好意思，我是樱井弘（放慢语速）。"

让自己倾听自己所说的话是需要不断锻炼的。我自己也通过有意识地注意自己所说的话来加以训练，过了一段时间后，感觉有时候自己能够听到、意识到自己所说的话了。

大家也可以通过有意识地倾听自己的话语的方式来说话。这样一来，说话的速度和音调，甚至停顿的方式都可能发生变化。需要注意的是，我们首先要有这一意识，然后在不断加以实践的过程中，将这一意识变成自己掌握的一种能力。

○ 设定另一个自己的存在

客观来讲，设定另一个自己的存在这一方法也是极为有效的。这是哈佛大学教授罗杰·费希尔和威廉·尤里所著的《谈判力》中介绍的方法。

此书中关于这个方法的描述是：当自己陷入困境时，设定另一个自己，想象另一个自己正在高处看着陷入困境的自己。通过这种方式，来询问自己"为何会演变成现在这样""问题出在哪里""如何才能扭转如今的局面"等问题。

通过这样自问自答的方式，可以对目前的状况进行客观的分析，有助于找到解决问题的突破口。

○ 寻找他人的帮助

对于无论如何都无法客观看待自己的人，可以通过求助他人的方式来观察自己。

通过求助比自己年长或者比自己经验丰富的人，让他们协助观察你的说话方式、倾听方式以及在交流中的表情和态度等，并在观察之后坦率地说出他们的感受。

原本想笑脸盈盈地说，但是周围的人并没有感受到你的笑颜；原本想礼貌性地附和，但是对方却觉得你假惺惺。我们经常会遇到这类情况。

因此我们就需要通过他人的帮助来走出我们的思维惯性，得到别人更客观的评价。

这种方法同样适用于上了年纪或者经验丰富的人。他们在不断积累经验之后，社会地位得到提高。随着社会地位的提高，他们变成了评价者，于是就很少被评价或者被别人指出错误。为了避免成为"穿着新衣"的国王，这些地位高的人也应该倾听他人诚恳的意见，不断提升自己。

⟳ 要点一：利用"菠菜法则"，调动团队积极性

○ 推动工作顺利开展，让周围的人持续处于"连接"中

工作是需要在周围同事的共同努力下推进的。那么，工作中的"菠菜法则"（报告、联络、商量）就更加重要。"菠菜法则"不仅可以推进工作的顺利进行，还可以调动团队的积极性，让周围的人持续处于"连接"中。

如今很多人在工作中已经意识到了"菠菜法则"的重要性。以下我想重新对"菠菜法则"中的"报告""联络""商量"进行详细说明。

- 报告

在自己做报告或听他人的报告时，切记不可混淆主观意识和客观事实。在我们自己做报告时，要注意首先阐述事实，然后再表达自己的主观意见；在听他人的报告时，需要将事实和报告人的意见区分开来。例如在听他人做报告时，可以适当引导报告人说出"造成了很严重的后果"这种陈述事实的内容。

- 联络

当我们与对方约定好一件事，而这件事也不是明确要求必需联络的规则性事情，那么不相互联络也是可以的。但是，彼此间的联络是为了之后更顺利地合作，同时这也是一种关怀，更是一种礼仪。而且，联络带有"提前传达"的意思，是一种好意。因此，当别人联络我们时，我们要对此表示感谢。在工作中，我们需要注意要勤于联络周围的人。因为一旦怠于联络，便有可能失去对方的信任。

- 商量

商量可以拉近与对方之间的距离。当出现了靠自己的力量无法解决的事情时，要尽早与他人进行商量。当有人找我们商量时，对于公事和私事，要采取不同的应对方式。如果是工作上的事，需要尽快商量出对策，落实到行动中去；而如果是私事，不要过于干涉，只需做一名认真的倾听者即可。

○ 调动团队积极性的三个条件

下文将详细介绍让沟通更加顺利，让团队更有积极性的三个方法。

- 相互性

沟通的一个最大特点就是"相互性"。沟通无法靠单方面完成，只有将对方当作听者，同时双方互相交谈的情况才是沟通。

例如，在荒芜一人的大海中，鲸鱼在海浪中吼叫。但是，如果大海中没有它的听众，那么不管它的叫声再大，也没有人听见。人与人之间的交流也是一样，如果没有对方的存在，就无法将信息传达给任何人。只有在对方存在的情况下，才有"听与说"的相互性，才能实现沟通。

● 面对面

与人沟通其实是一个"面对面"的行为。因此在与人沟通的时候，不管对方是否在眼前，我们都要有"此人就在此处，近在眼前，我必须要认真对待他"的意识。

如果没有意识到"面对面"这一点，就容易造成沟通不充分。比如商业企划案这类宣传活动未达到预期的结果，也是因为沟通双方没有"面对面"的意识。

我们经常会看到这样的情况：在进行方案解说时，发言者没有面向听众，而是盯着电脑或屏幕，自顾自话。这样的发表方式，只是单方面的说明，容易忽视听众的反应。因此，我们要谨记沟通要有

"面对面"的意识，一边确认听者反应，一边将对方连接起来。

● 公平性

交流应该是公平的。即使存在年龄、立场和理解能力上的差异，我们也可以努力让双方坐在同一张桌子上，消除差异。

看到对方处于下风就摆出高高在上的态度，这种做法很容易招致反驳，也就无法让对方坦率地发表看法。让听者和说者保持在同一水平线上，可以推动沟通顺畅地进行，从而活跃团队的气氛。

要点二：让 PDCA 循环成为习惯

让周围的人持续处于"连接"的方法

在适当的情况下，使用附和表达和让对方有紧迫感等这些让周围的人处于"连接"的方法是比较容易的。但是若要让周围的人持续处于"连接"中，就要不断使用这些技巧。要想让这种影响力持续，最有效的方法就是让 PDCA 循环成为习惯。

"PDCA"是取计划（Plan）、执行（Do）、检查（Check）、改善（Action）四个英文词汇的首字母组成。想必很多人都听过这个循环模型。要想将周围的人连接起来，首先我们需要制订计划，然后付诸实践。在对其结果进行确认、检查的同时，加以改进，并将好的经验总结运用到下一个项目中。通过熟练地使用 PDCA 循环可以让我们做事更加沉稳。当有一天我们说出"不完成这个循环不行、不放心"这种话，就说明我们的工作风格变得越来越沉稳了。

让PDCA循环成为习惯

计划
（Plan）

执行
（Do）

检查
（Check）

改善
（Action）

首先，需要针对如何与对方连接而制订计划（Plan），在使用（Do）调动积极性的技巧之后，确认、检查（Check）形成的结果，然后改善（Action）下一次的做法。通过习惯性地使用"PDCA循环"，可以让对方持续处于"连接"中，而且通过不断实践，还可以提升自身的动员能力。

○ 通过"计划"形成意识

在将周围的人连接起来的沟通中，肯定有另一方的存在。因此，有时沟通会朝着预想之外的方向发展，我们不一定能够通过预定计划来进行应对。

但是，我们可以事先制订将周围的人连接起来的计划，并在脑海里形成画面。这一点十分重要。

例如，在参与跨行业交流会时，经常会被要求"做一分钟左右的自我介绍"。简洁明了地进行自我介绍尚且有难度，更何况还要求一分钟，难度系数更高。而且，一旦措辞不够简洁易懂，或者超过既定时间，都会被贴上"不好相处""不懂察言观色"的标签，从而给人留下不好的印象。

这时候我们就需要事先做好准备。例如，一分钟内可以说多少，怎么说才能清晰明了等，并要对每个细节进行预习。这样一来到正式场合就能很好地进行自我介绍。

这种方法不仅适用于自我介绍的情况，同样适用于会议和商务谈判。

事先计划如何能将周围的人连接起来，并进行模拟实验，到正式场合，我们就可以从容地交流和倾听。

在做模拟的时候，并不是详细地制订"我要如何影响对方"的计划，而是要设想一系列的情况，比如"对方说……时，我要这样应对""感觉良好时我要这样做"等。

如果准确地制定说话的顺序和对话的推进方式，记住每一句话，那么一旦一个环节出现差错，或者对方的反应超过预想范围之外，脑袋可能就会一片空白。

因此，在做计划时，不要详细记忆，只需在脑海中记住关键信息，靠关键信息推动对话的进展。

另外，我们还需谨记，自我意识较强的计划往往容易崩塌。我们要有意识地优先考虑他人。

在制订计划的时候，我们能够设定出的事项越多，我们的随机应变能力也就越强。

养成先制订详尽计划的习惯，不仅可以将周围的人连接起来，还能推动工作的顺利进行。

⟳ 要点三：锻炼促使对方成长的能力

○ 调动对方积极性的原动力

如何调动与自身立场和观点都不同的人的积极性，让其进入到你的"连接"中呢？这一问题是没有标准答案的。因为对方也是在不停变化的。

因此，我们可以通过建立关系、促进相互了解和激发自主行动意识等各种方式来建立良好的人际关系。另外，我们还要掌握让对方进入你的"连接"的技巧。

要想将对方连接起来，最重要的能力就是人格魅力。详细地说就是领导能力、指导和培养的能力。拥有较强综合能力的人，兼具人品、见识和成就。他们不会强迫要求对方，而会激发对方的自我意识，促进对方主动采取行动。这才是真正意义上的人格魅力。我们不仅要培养自己调动对方积极性的能力，同时还要不断提升自己的人格魅力，这样才能拥有更加丰富的人生。

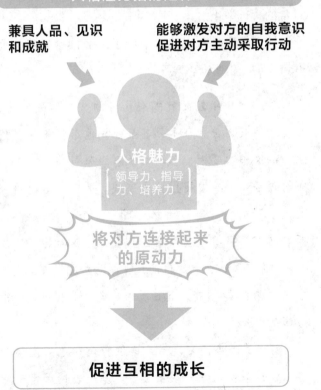

人格魅力指的是什么？

兼具人品、见识
和成就

能够激发对方的自我意识
促进对方主动采取行动

人格魅力
〔领导力、指导力、培养力〕

将对方连接起来
的原动力

促进互相的成长

○ 持培养他人之心，方能实现自我培养

想要让周围的人持续处于你的"连接"中，你的人格魅力必不可少。而一个人的人格魅力体现在日常的言行举止中。

接下来我要介绍的这个例子，来自参加我的公开讲座的一位听众。

这位听众年轻时就拥有优秀的文书写作能力，公司的课长十分信任他，甚至拜托他帮忙确认其他人写的文书。某天，有一项紧急的公司外部文书的书写任务，领导便交由他来完成。然而，当他检查自己书写的文书时却无意发现了一个巨大的错误，于是马上汇报给直属领导。但是其直属领导却回复说："你犯了这么大的错误，我也没办法解决，我马上联系课长。"说完，其直属领导就马上联系了外出办事的课长。

课长办完事回来之后，这位听众和他的直属领导一起低着头向课长认错反省。课长表情严肃地看完文书之后，对着他说了句"谢谢"。作为下属的他十分吃惊，一时间竟说不出话来。课长接着说："这个错误确实挺大的，但是现在还可以挽回；如果你害怕这个错误被人发现而保持沉默的话，可能就来不及挽救了。"

这件事之后，他更加认真严谨地对待工作，暗自发誓要一生追随课长。在他的不断努力下，如今的他已经在公司担任管理岗位。

因此，不断提升自己的人格魅力，也能够帮助周围的人成长。我们需要谨记，"持培养他人之心，方能实现自我培养"，在将周围的人连接起来的同时，还要不断提升自己的人格魅力。

本章要点总结

将周围的人连接起来的关键是什么？

☑ 学习沟通的技巧，永无止境。

☑ 在自我成长的同时，将周围的人连接起来，下属和团队
也会成长。

☑ 要想让周围的人持续处于"连接"中，拥有"洞察力"
十分重要。

☑ 要想客观地看待自我，就要倾听自己所说的话，即自己
边说边听。

☑ "菠菜法则"（报告、联络、商量）可以让整个团队都处
于"连接"中。

☑ 调动团队积极性有三个必要条件，即相互性、面对面和
公平性。

☑ 要想让目标持续运转，就要习惯性地使用 PDCA 循环。

☑ 事先计划好每一个细节十分重要。

☑ 在动员周围的人进入"连接"时，最重要的是你的人格
魅力。

☑ 提升自己的人格魅力，还可以帮助周围的人成长。

结　语

感谢你读到最后。本书的主题"连接力"，实际上是一种"一来一回"的沟通能力。这种能力在我们的日常生活和商务场合中经常会用到。"连接力"就是获得周围的人的信赖和帮助的能力。为了达到这个目的，我们必须要遵循三大步骤。

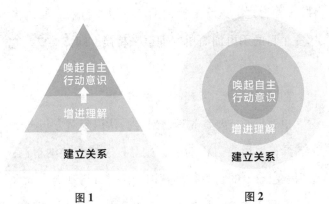

图 1　　　　　　　　图 2

　　如图 1 所示，我将以金字塔形的富士山来做比喻。我们将富士山分为山脚、山腰、山顶三部分。首先，位于山脚的是"建立关系"，也就是与周围的人建立起良好的人际关系；其次位于山腰的是"增进理解"，也就是为了让对方理解而努力；最后位于山顶的是"唤起自主行动意识"，也就是说唤起对方的自主行动意识。

　　然后我们来看"富士山"的俯视图，即图 2。当我们从"富士山"的上方看下去，"富士山"就像一个集合圈。位于外面的圆是里面的圆的"前提条件"。换言之，这就是沟通的三个重要目的。如果将这三个目的用更加简单的词语来替换，即："建立关系"就是"认识"，"增进理解"就是"表达"，"唤起自主行动意识"就是"行动"。

　　也就是说，要首先理解对方，认识到对方与自己的差异；然后再告诉对方，让对方了解并接纳自己；最后唤起对方的自主行动意识，让对方行动起来。本书的主题"连接力"就相当于"富士山"的山顶，也就是唤起对方的自主行动意识，让对方为你做事。

我们都知道，即便是晴天，同一时间段内，富士山的山顶和山脚的情况也是不一样的。山脚一般都是温度舒适，而山顶却是狂风暴雪。

在理解了这个差异后，把周围的人连接起来的沟通才算真正开始。而沟通要从山脚到山腰，再到山顶，循序渐进地进行。这个步骤也是将周围的人连接起来，让他们积极动起来的步骤。

此外，为了达到沟通的目的，还需要具备三个能力——倾听力、说明力和说服力。

本书的第一章为富士山的山脚，讲建立关系所需的倾听力；第二章为富士山的山腰，讲增进理解所需的说明力；第三章为富士山的山顶，讲唤起对方自主行动力所需的说服力。因此，将他人连接起来的能力，也可以说是"动员他人的能力"。

动员周围的人，让周围的人动起来并非易事。我们要根据具体情况采取不同的办法。就像富士山和金字塔一样，从不同角度看就是不同的形状。

这就说明，人们对事情的看法和想法是因人而异的。人们对于与自己不同的人，想要做到"持有好感""可以理解""明白你的心情"是件难事。因为，人们的沟通是无法按照自己的想法进行的，而沟通也没有标准的指导手册或说明书。

因此，我们要客观地看待自己的想法和看法。掌握"连接力"最根本的前提是要了解自己。或许你会认为"我自己最了解自己了"。遗憾的是并非如此。就像我们看不到自己的脸一样，我们同样也不能完全了解自己的特点。

而在这里我们就需要借助各种外力来了解自己和他人，正如登山要靠体力和登山工具一样。在本书的第四章和第五章就阐述了了解自己和他人，促进沟通的"工具"。

"连接力"这种沟通能力的特点是实战性。也就是说我们要避免闭门造车，否则将毫无效果。这就要求我们在平日里时刻保持"连接力"，即影响、动员他人的能力。这一点在第六章里进行了详细阐述。

每个人都是不同的，每个人的想法和感知外界的方法也不尽相同。而我们却经常忽视这一点。且不说我们日常沟通中的对方是在时刻变化的，就连我们自己也在时刻变化中。如果我们能够在瞬间捕捉到对方语言、行动上细小的变化，就能够更加为对方考虑，共同度过更加充实的时光。

"送人玫瑰，手有余香"是我特别喜欢的一句话。将这句话用"连接力"的意思来表达的话，就是要成为"处处为他人考虑的人"。

拥有"连接力"的人，也可以叫作"大人""社会人""职业人""很会工作的人""聪明的人""受欢迎的人""擅长说服人的人"，等等。

我的研究所的广告语是："知道就能做到，做到就能改变。"我相信本书能够给你更多、更丰富的人生体验。

樱井弘

2018 年 2 月